『三实』德育理念下的班会课

刘向／主编

吉林文史出版社

图书在版编目（CIP）数据

“三实”德育理念下的班会课 / 刘向主编. — 长春：吉林文史出版社，2021.8

ISBN 978-7-5472-7969-4

Ⅰ. ①三… Ⅱ. ①刘… Ⅲ. ①班会—研究—高中 Ⅳ. ①G635.5

中国版本图书馆CIP数据核字（2021）第162790号

“三实”德育理念下的班会课
SANSHI DEYU LINIAN XIA DE BANHUI KE

主　　编：刘　向
责任编辑：吕　莹
封面设计：言之凿
出版发行：吉林文史出版社有限责任公司
电　话：0431-81629369
地　址：长春市福祉大路5788号
邮　编：130117
网　址：www.jlws.com.cn
印　刷：北京政采印刷服务有限公司
开　本：170mm × 240mm　1/16
印　张：16.25
字　数：293千字
版印次：2021年8月第1版　2021年8月第1次印刷
书　号：ISBN 978-7-5472-7969-4
定　价：45.00元

编 委 会

序言

点缀自己的羽翼

教学与管理，是学校工作的两翼，同时，也是每一位教师工作的两翼。无论是从学校层面，还是从教师层面，我们都不可以探讨二者孰轻孰重的问题；可以探讨的是如何让二者协调发展、相互促进的问题。

在工作中，每一位拥有进取心的教师都会对自己的工作进行探索、总结以及反思。随着教龄的增长、经验的增加，会有部分教师逐渐形成自己的工作理念。其理念又会反过来指导工作，让工作变得轻松、自如、游刃有余。这时，我们才可以说，这是一位成熟的教师。在班主任的工作中，其积累的过程既有点滴的教育故事，也有一堂堂精心设计的班会课，还有各种比赛的历练。

有时，我们会以一种玩笑式的口吻谈论班主任工作——不做班主任的职业生涯是不完整的，不在深圳市第二高级中学（以下简称“二高”）做班主任的职业生涯是不完美的。在二高的班主任队伍中，有始终担任班主任的老教师，有对班主任工作情有独钟的特级教师，有在班主任平台上展现自己才华的学科组长。在他们身上，班主任工作没有“坚持”，更加没有“勉强”，有的是“热爱”，是“享受”，是个人职业价值的充盈。他们是二高班主任队伍中一个独特的存在，他们向社会展示着教育工作者的无私情怀。

当然，在班主任的队伍中，主力军仍然是年轻教师。他们充满朝气与活力，与学生打成一片，与学生“称兄道弟”，为学生排忧解难，同学生“腻在一起”，“×哥”“×姐”是学生送他们最好的礼物。也许有人会把这些同“师道尊严”放到一起品头论足，其实，师道最大的尊严便是学生对教师的认可。时代在变化，班主任与学生之间的新型关系也在产生、变化。其体现的特点，既关乎师道，也关乎教育的本原。

二高的班主任，每个人都有自己的追求。二高的班主任工作有学生处的统筹，更有深圳市刘向名班主任工作室的引领。学生处为班主任工作设定了基本规范；刘向老师为班主任的发展提供了个性化指导。学校的常规工作，工作室的项目合作，加上个人不懈的探索，二高的班主任队伍蕴含着无限的动能，预示着无限的可能。

有的时候，我们在名校里面看不到名师；有的时候，我们在名师的背后看不见名校。当然，理想的状态是名师与名校二者结合得相得益彰。学校品质的提升离不开教师的支撑，教师能力的提高离不开学校的培育。二者的良性互动是名师与名校一起成长的前提。二高实现了从“以尊重的教育培养受尊重的人”的办学理念到“三实”德育的育人理念的转变。这一转变，是办学理念的细化，更是办学理念的进步。高玉库校长提出“三实”德育理念之后，这一理念如春风化雨般地播撒到二高的每一个角落，在每一位二高人的心中生根发芽，茁壮成长。

二高的第一个十年，已经在深圳基础教育界立稳脚跟。二高的第二个十年，需要优化自己的形象、提升自己的品位。这需要一系列名师，也需要一系列名班主任。本书的结集出版，便是整个提升教书育人蓝图中的一笔，它得益于学校的支持，工作室主持人的统筹，以及每一位班主任的辛劳。这一笔也许并不是浓墨重彩，但是它在二高的历史上将有着自己的位置。

同时，凡事欲则立，不欲则废。二高班主任品牌的打造只是一个开端，它将永远不会结束。

刘　向

目录

第一章

青春好画卷　借来如椽笔

播种优良习惯，收获精彩人生

——高一入学教育主题班会

李明波

李明波

李明波，中学物理高级教师，从教15年，担任班主任13年，奉行“三实”的德育理念，所带班级连续5年被评为“优秀班集体”，本人连续5年被评为“优秀班主任”；参加深圳市教育局直属学校班主任高端研修班第一期进修学习，参与《“三实”教育理论及实践探索》等专著编写工作，先后获得湖北省高中物理青年教师优质课竞赛一等奖、深圳市高中物理说课比赛一等奖等荣誉。

一、教案设计

（一）背景分析

习惯，就是经过重复练习而巩固下来的思维模式和行为方式。作为高一新生，尤其是新组建的班集体，特别要加强习惯养成教育，高一上学期是良好习惯养成的关键期。鉴于此，我们班举行了以“播种优良习惯，收获精彩人生”为主题的主题班会，旨在帮助学生养成良好的生活习惯和学习习惯，为高中三年的寄宿制学校生活和学习打下坚实的基础。

（二）班会目标

（1）认知目标：了解不良习惯的不同影响，并对自己的习惯进行自我分析。

（2）能力目标：掌握改进不良习惯的方法，养成良好的学习习惯。

（3）情感目标：让学生在学习中体会到快乐。

（三）前期准备

（1）准备关于学习习惯的小测验，每人一份。

（2）上网搜集关于习惯的一些故事。

（3）准备班会PPT课件。

（四）班会流程

1. 什么是习惯

猜谜语导入：你能猜出这是什么吗？（PPT展示）

做个小游戏：双手十指交叉一握，看看你压在最上面的大拇指是左手大拇指还是右手大拇指。再交换一下两种方式，哪种感觉最舒服，那就是你的习惯。

【设计意图】

（1）以猜谜语的形式导入课堂，能够迅速将全班学生的注意力转移到课堂，提高课堂效率。

（2）以小游戏引出习惯的概念，将抽象的问题具体化，便于学生理解接受，并提高课堂趣味性，活跃课堂气氛，调动学生的积极性。

2. 习惯的重要性

通过讲故事等方式说明习惯对人生的重要影响。（PPT展示）

（1）苏联宇航员加加林的故事。

（2）师范大学的招聘会。

（3）诺贝尔奖得主们的聚会。

【设计意图】

几个典型的关于习惯的故事，深刻地揭示了优秀的习惯对人的一生产生的积极作用，同时反映出不良习惯对人生的消极影响。通过讲故事来讲道理，这种形式让学生乐于接受，更能打动学生，引起学生内心的强烈共鸣。

3. 常见的不良习惯

（1）学习习惯。

（2）卫生与健康习惯。

（3）个人修养习惯。

审视一下自己，是不是有些习惯就存在于我们自己身上？怎样才能培养好习惯，改掉坏习惯呢？

【设计意图】

把习惯分成三种类型，列举学生常见的不良习惯，便于学生整理、归纳、总结、反省。

4. 学生互动交流：说说自己的好习惯和坏习惯

学习习惯小测验。

【设计意图】

通过设计课堂交流讨论，提高学生课堂参与度，学生充分讨论后，上台谈谈自己的好习惯和坏习惯，现身说法。此环节使本节班会课的重点得到很好的突破，起到了关键性作用。

通过问卷调查的形式，科学合理地评价学生的学习习惯，具有很强的说服力，容易引起学生共鸣。

5. 大家谈：学习上应该具备哪些良好的习惯

【设计意图】

选取学习习惯来重点讨论，避免泛泛而谈，做到重点突出，同时也符合学生的心理预期，使整堂班会课更接地气。

教师从课前预习、课堂听课、课后复习等三个环节来指导学生如何培养良好的学习习惯，给学生提出规范的要求，便于在今后的学习中得到贯彻执行。

6. 班主任结束语

（略）

二、课堂实录

主持人（女）：我是马某某。

主持人（男）：我是陈某某。

主持人（合）：很高兴这节主题班会由我们共同主持。

男：主题是什么？不急，先来猜个谜语，请看大屏幕。

主持人（女）：我是谁？

我是你的终身伴侣，我是你最好的帮手，我也可能成为你最大的负担。

我可以推着你前进，也可以拖累你直至失败。

我是所有伟人的奴仆，唉！我也是所有失败者的帮凶。伟人之所以伟大，得益于我的全力相助；失败者之所以失败，我的罪责同样不可推卸。

抓住我吧，训练我吧，对我严格管教吧，我将把整个世界呈现在你的脚下。千万别放纵我，那样，我会将你毁灭。（我是谁？）

主持人（男）：是什么呢？是什么有那么大的威力呢？请同学们开动脑筋，发挥你们的聪明才智，有谁能够用两个字的词语来揭开谜底。

生：时间？

生：习惯！对吗？

群生（附和）：习惯！

主持人（女）：非常正确！今天我们班会的主题是——播种优良习惯，收获精彩人生。

主持人（男）：什么是习惯呢？我们先来做个小游戏，双手十指交叉一握，看看你压在最上面的大拇指是左手大拇指，还是右手大拇指。感觉一下，哪个在上觉得非常舒服？

主持人（女）：再把你们的拇指的位置交换一下，是不是感觉有点儿不舒服呢？这就是习惯！习惯伴随着我们一生，成为我们生活中不可或缺的一部分。

主持人（男）：所谓习惯，就是经过重复练习而巩固下来的思维模式和行为方式。学习习惯，就是在不间断的学习实践中逐步形成的比较稳定的学习行为方式。那么伟人们是怎样评价习惯的呢？让我们来看三则小故事。

主持人（女）：①苏联宇航员加加林的故事

20世纪60年代，苏联发射了第一艘载人宇宙飞船，宇航员我们大家都知道名字叫加加林。当时挑选第一个上太空的人选时，有这么一个插曲，几十个宇航员去参观他们要乘坐的飞船，进舱门的时候，只有加加林一个人把鞋脱下来了。他觉得："这么贵重的一个舱，怎么能穿着鞋进去呢？"加加林的行为让主设计师非常感动。他想：只有把这飞船交给一个如此爱惜它的人，我才放心。在他的推荐下，加加林就成了人类第一个飞上太空的宇航员。

主持人（男）：②师范大学的招聘会

在一家学校的应聘现场外，一个大学生被喊到了名字，他轻轻推门进去，又轻轻将门关上，这似乎是很有礼貌、很谨慎的举动，但还是出问题了，一位主任说道："同学，请你敲门之后再进来……"这位学生很尴尬地又回到了门口，这时候校长说话了，"这位同学出去就不要进来了，我们学校不会录用你的。"

主持人（女）：③诺贝尔奖得主们的聚会

1988年，世界各国诺贝尔奖得主在巴黎聚会。有人问一位诺贝尔奖得主："您在哪所大学、哪个实验室学到了您认为是最重要的东西呢？"这位白发苍苍的老学者回答道："是幼儿园。""在幼儿园能学到什么东西呢？""把自己的东西分一半给小伙伴们，不是自己的东西不要，东西放整齐，吃饭前要洗手，做错事要表示道歉，午饭后安安静静地休息，要观察周围的大自然……"

主持人（男）：同学们，思考科学家的回答，扪心自问，已然十六七岁的我们又有谁能够一一做好呢。孔子有句名言："少成若天性，习惯如自然。"这句话的意思是少年时期养成的习惯就像天性一样不易改变，一旦形成习惯，行为就会自然而然地出现。这就告诉我们，对青少年来讲优秀的习惯对人的一生非常重要。"良好的习惯乃是人在精神系统中存入的道德资本，这个资本在不断增值，而人在其整个一生中就享受着它的利息。"

主持人（女）：大家看了这三个故事，是不是受到启发呢？接下来我送给大家几句话。

播下一个行动，收获一种习惯；播下一种习惯，收获一种性格；播下一种性格，收获一种命运。这句语出自哪呢？不错，这出自"羊皮卷丛书"之《终身的财富》。

主持人（男）：既然不良习惯对人生影响这么大，接下来我们梳理一下中学生普遍存在的一些不良习惯，同学们有则改之，无则加勉。我们可以把中学生常见的不良习惯大致分成以下几个方面，方便同学们归纳整理。

主持人（女）：不良学习习惯。

①学习没有计划；②不注重预习与复习；③闭门造车，不爱提问，不爱交流；④不重视归纳总结，不注重积累；⑤三分钟热度，心不静，志不坚；⑥自习时聊闲天，浪费时间；⑦马马虎虎，粗心大意；⑧时间观念不强，上

课迟到……

主持人（男）：不良卫生与健康习惯。

①不重视日常锻炼，跑操和体育课偷懒；②不合理的膳食影响健康，依赖辛辣食物，吃垃圾食品；③不注意休息，熬夜玩手机、电脑；④不打扫个人环境卫生，不打扫宿舍或自己的房间；⑤吸烟酗酒。

主持人（女）：不良个人修养习惯。

①在教室等公共场所大声喧哗、打闹；②个人物品脏乱差；③出入不关门；④做事拖沓，磨磨蹭蹭；⑤说脏话，爆粗口；⑥上课脱鞋晾脚；⑦随手乱扔垃圾，随地吐痰，甩鼻涕；⑧站不直，走不稳，摇摇晃晃不像样；⑨老盯着别人的缺点，不懂得欣赏和尊重别人。

主持人（男）：其实说起不好的习惯，我们还能说出好多。“人无完人”倒是不假，但我们都应该努力完善自己。我们也审视一下自己，反思再反思，看看是不是有些习惯就存在于我们自己身上。那么怎样才能培养好习惯，改掉坏习惯呢?

主持人（女）：大家看了这么多肯定心中有所感触，肯定想把自己的想法与人分享。接下来同学们可以先相互交流一下，各自总结一下自己身上存在哪些好习惯和坏习惯，然后上台分享。

（讨论两分钟。）

主持人（男）：现在到了分享环节，哪位同学愿意上台分享?

生1：上课了，才手忙脚乱地翻找试卷、练习本；对作业应付了事……

生2：踏着铃声进教室或是与铃声赛跑；“两操”迟到……

生3：随地扔垃圾，不将废弃物放入指定位置；值日、清洁劳动不认真……

生4：我平时喜欢吃“垃圾食品”……

主持人（男）：大家都说得很真诚，虽然我们在生活中存在着或多或少的不良习惯，但我们每个人身上都有闪光点。接下来有谁能够用一双明亮的眼睛去发现别人或自己身上的好习惯吗?

主持人（女）：俗话说，好习惯成就美好人生，除了这些不好的习惯外，我们也要看到自己身上的一些好习惯，并且长期坚持下来。哪位同学上台分享?

生1：诚实守信。

生2：多读有益的书。

生3：定期锻炼身体。

生4：制订计划并认真落实。

主持人（男）：回答得很好，其实还有很多好的行为习惯，如与人交谈时，保持良好的姿势和微笑；控制情绪和脾气，用和平方式解决矛盾等等。

主持人（女）：现在我问大家一个问题，我们现阶段的主要任务是什么？

众生：学习！

主持人（女）：对了，就是学习，那么我们在学习方面的习惯如何呢？接下来，我们重点研究一下学习习惯，请大家来完成一份学习习惯小测试。请每组前排的同学把测试卷往后传。

学生开始答题（两分钟）。

请大家实事求是地填写，根据自己的行为，你有的打√，没有的打×。

（1）学习时间不固定。（　　）

（2）课堂上注意力不集中。（　　）

（3）学习目标不明确。（　　）

（4）不爱用工具书，马马虎虎地应付学习。（　　）

（5）不懂不会也不问。（　　）

（6）学习时沉迷于空想。（　　）

（7）快下课时就听不进去了，开始想着课后的娱乐活动。（　　）

（8）做作业前不温习，做完作业不相信自己，总要找人对对答案。（　　）

（9）作业本、作文本、考试卷发到手，看看分数，扔到一边，不认真分析检查。（　　）

（10）做作业或复习时，常做一些小动作。（　　）

（11）遇到好电视，或者一玩起来，就忘记做作业。（　　）

（12）边做作业边听音乐或者看电视。（　　）

（13）学习用具乱扔，用时找不到。（　　）

（14）平时不复习，考前开夜车。（　　）

（15）喜欢哪科学哪科，偏科。（　　）

（16）情绪波动大，因喜怒哀乐的情绪而影响学习。（　　）

主持人（男）：5个以下“√”，要引起注意，5~10个“√”，问题比较严重，10个以上“√”，问题非常严重。无论不良习惯多还是少，都要及时改正。

主持人（女）：接下来我们讨论一下，在学习上我们要养成怎样的习惯呢？请同学们再次交流后上台分享。

（交流两分钟。）

主持人（女）：现在到了分享环节，请积极发言。

生1：课前做好预习，按老师布置的提纲进行预习，准备回答有关问题。

生2：上课时集中注意力，手脑并用，养成边听讲、边思考、边总结、边记忆的习惯。

生3：课堂做好课堂笔记，踊跃回答老师提问。

生4：课后认真完成作业……

主持人（女）：大家的回答都很好，人人都想养成良好的学习习惯。我们该怎么做呢？请看大屏幕。行为心理学研究表明，21天以上的重复会形成习惯，90天的重复，会形成稳定的习惯，即同一个动作，重复21天就会成为习惯性动作。同理，同一个想法，重复21天，或重复验证21次，就会变成习惯性想法。养成良好的习惯，必须——

主持人（男）：①说到做到，坚定不移；②控制时间，约束自己；③偶有偏离，及时调整；④持之以恒，惯性运动。

主持人（女）：接下来有请班主任给这节班会做个小结。大家欢迎。

班主任总结：今天的班会非常成功，大家积极发言，重点讨论了学习习惯，同学们也体会到了好习惯对于人生的重要性。那么，怎样才能养成好习惯呢？我想我们应该从以下这些方面入手。

（一）要勇敢地迈开第一步，要行动起来

有这样一段话：播下一个行动，收获一种习惯；播下一种习惯，收获一种性格；播下一种性格，收获一种命运。这句话告诉我们，行动是改变习惯的第一步，有行动才会有改变，“万事开头难”，头三脚踢开了，后面的事自然会好办。

（二）既然已经行动起来，就要坚持行动下去

一个人的新习惯或理念的形成并得以巩固，至少需要21天。行为心理学把这种现象称为“21天效应”。这是说，一个人的动作或想法，如果重复21天就会变成一个习惯性的动作或想法。

根据专家研究，习惯的形成大致分为三个阶段：

第一阶段：1～7天左右。此阶段表现为“刻意、不自然”，需要十分刻意地提醒自己。

第二阶段：7～21天左右。此阶段表现为“刻意、自然”，但还需要意识控制。

第三阶段：21～90天左右，此阶段表现为“不经意、自然”，无须意识控制。

（三）交往一些能管得住你的好朋友

周围朋友习惯的好坏对你会产生直接的影响，所以，“择其善者而从之，其不善者而改之”。在周围的同学中，找到自己心中的榜样，在耳濡目染中提升自己的品质。

（四）写座右铭，张贴条幅字画提醒约束自己

座右铭，本指古人写出来放在座位右边的格言，后泛指人们激励、警诫自己，作为行动指南的格言。古今中外的成功人士几乎都有自己的人生格言——座右铭。我们也要有，因为谁也阻挡不了我们前进的脚步！

习惯是一个人一生的资本，有了好习惯，一辈子都有用不完的利息。

同学们，班会的最后老师想送大家三句话：

第一，好习惯是一个人终身的财富，我们要做一个富有的人。

第二，如果你想改变自己，什么时候都不晚。

第三，别输给别人，更不能输给自己。

真的希望同学们可以改掉自身存在的不良习惯，可以做一个焕然一新、充满魅力的自己，希望同学们可以追求卓越，让自己的每一天都精彩万分，让自己拥有一个美好的未来。谢谢大家……

主持人（男）：让我们以热烈的掌声谢谢李老师。

主持人（女）：相信大家在这节班会课后，会改变自己的一些不良习惯。找到适合自己的学习方法，预祝大家成功。

主持人（男）：这节班会到此结束，感谢大家的参与。

主持人（合）：再见。

三、班会反思

习惯对人的一生来讲是很重要的，这一点我们很容易达成共识。现在的高中生依然存在很多不好的习惯，如迷恋手机、饮食无节制、拖延症、如厕不冲水、乱丢垃圾、作息时间不稳定、学习没有章法等，这些不良习惯都会影响学生的健康成长。我希望通过这堂班会课，让学生认识到自身存在的一些问题，及时纠正。我们不能奢望“药到病除”，但如果有些话语能够触动学生的心灵，那便能为他们日后的学习与生活积蓄力量。

学生课堂发言比较积极，但碍于脸面，有的学生对于自己身上存在的一些不良习惯不愿意与大家分享。为了解决这个问题，教师可以在班会课前做好充分的思想动员，打消学生顾虑，这样在课堂上学生们可以做到畅所欲言，将问题分析得更加透彻。总体来说，这节班会课还是比较成功的，课后部分学生还主动找我坦言自己身上的一些不良习惯，如早自习迟到、晚寝玩手机……这些学生都表示愿意坚决改掉这些坏习惯，这让我很感动。我想，这节班会课的目的达到了。

【点评】

本节主题班会有以下特点。

1. 主题选择有针对性、实效性

“习惯养成”永远是一个不过时的话题，在学生时期养成的良好习惯，可以受益终身；在学生时期养成了坏习惯，就有可能终身受到伤害。高一新生刚进入寄宿制学校生活和学习，培养优良的学习和生活习惯显得尤为重要，基于此，李老师选择了“播种优良习惯，收获精彩人生”这一主题，具有很强的针对性和实效性，且符合学生的年龄、心理特点。

2. 情境设置真实、有效

这节课，教师创设了多个真实、有效的情境，让学生的习惯在有目的、有计划的训练中形成，在无意识状态中形成，达到了预期目的。

3. 表现形式丰富多样、有层次性

本次班会活动表现形式丰富而且在过程的安排上有层次性，如通过讲习惯养成的故事等一系列活动后，有意识地培养学生的习惯，水到渠成。

4. 充分放手给学生，活动开展规范、有序

这节班会活动安排有序，一环紧扣一环，真正做到了教师是倾听者、点拨者，学生是主体。整个过程是学生主持、全员参与的过程，是学生真实的思想内化与生成的过程。

好好说话

光婷婷

光婷婷

光婷婷，政治教师，从教16年，曾担任班主任、团委书记、政教处主任，曾获深圳市教师基本功大赛冠军、广东五校协作体公开课特等奖、高考学科先进个人等荣誉，参加深中王成启名师工作室，并代表深圳市赴石门中学送课，多次代表学校赴珠海二中、百色祈福高中等学校送课。多次荣获优秀班主任、教书育人金奖、教书育人银奖、优秀共产党员等称号。参与“十一五”规划重点课题《高中思想政治课教学组织形式研究与实践》，发表多篇文章。

一、教案设计

（一）背景分析

高二刚分班不久，同学之间还不是非常熟悉，而个性迥异的学生与人交往的方式也各不相同，在尚未相互熟识的情形下，有时候无意中一句话就有可能导致其他同学误解或者受伤。在现代社会自由、张扬个性的理念熏陶下，部分学生比较自我，说话不考虑他人感受，不会换位思考。为了促进班级学生更融洽地相处，提高学生与人相处的能力，提高学生的语言艺术，老师设计了一堂以“好好说话”为主题的班会课。

（二）班会目标

（1）通过分享自身经历引起共鸣、自我反思和审视。

（2）通过自己设置对话场景，明了在不同场合中好好说话的重要性。

（3）通过补充同伴设置的场景对话，比较、评选最佳答案，明确什么是好好说话。

（4）通过课堂的情境体验、互动，将好好说话带入平时的生活中，学会正确的、更艺术的说话方式，提高与人相处的能力。

（三）前期准备

（1）学生以小组为单位，根据自身经历，设计出不同的对话场景，需包含教室、宿舍、家庭等常见场景。

（2）从学生设置的场景中筛选出最具代表性的几个场景，用于课堂讨论。

（四）班会流程

1. 游戏热身导入

游戏：你来比画我来猜。

请学生A与B上台，老师偷偷告诉A同学要比画的内容——我比你美多了。（问题根据上台的两位同学的性格和关系设置，不固定。）

A同学比画B同学猜测。

【设计意图】

通过游戏调节气氛，让学生们放松身心，减少距离感，打开心扉。同时，通过这个游戏，让学生们感受到语言的重要性，光靠肢体比画很难猜出具体内容，以此引入本节课主题——说话的艺术，如何好好说话。

2. 视频共情

播放视频《你知道吗，我有多痛》——语言冷暴力，随口而出的伤害。

【设计意图】

通过观看这个冲击力很大的视频，使学生们产生共情，回顾自己曾经遇到的类似情境，反思自己平时有没有过恶语伤人。

3. 交流共享

交流问题：你是否曾经因为别人的一句话而感到非常难堪、难过甚至气愤？说说给你留下深刻印象的某个场景，以及你当时的感受。

交流结束后让学生们总结：让人不舒服的语言有哪些特点？

【设计意图】

通过交流亲身经历，引发全体学生深思，自己平时的言行是否符合这些特点。好好说话，其实背后的素养是来自人内心深处对另一个生命深切的理解、关爱、体谅与尊重。

4. 即兴场景问答

选取课前学生设置的场景中的8个场景，各小组通过讨论，分别给出一个小组认为最佳的回答，写在彩色卡纸上，并贴到白板相应的位置上。各小组派代表演绎，全班共同评选，看看哪个答案最“艺术”。

问题：

（1）好朋友学习十分努力，但是考试考得很糟糕，不进反退，你如何劝慰他？

（2）“哇，这最后一名是谁啊？”教室里突然有个同学大声说，这时你想缓和一下气氛，你会说什么？

（3）宿舍里有个室友每天很晚睡、很早起，不太注意控制声响，经常吵醒你，你想给他提一下建议，你打算如何说？

（4）你和同学吐槽生活老师时被他恰巧经过听到，但老师没说什么，你觉得很愧疚。过了一会儿，生活老师走进宿舍通知事情，这时你会说什么？

（5）你上课时太困了，以至于趴在桌子上睡着了，老师很生气地要求你站到教室后面去，下课后，你会对老师说什么？

（6）毕业时，你送给班主任礼物，数学老师看见了问：“怎么没有我的份儿？”而你当时并没有准备，这时你会说什么？

（7）周五放学回家，妈妈做了一桌子你爱吃的菜，可是你心情不太好，妈妈问好不好吃时你不耐烦地说了一句：“不好吃！烦死了！”晚餐后看见妈妈坐在沙发上失望又难过的样子，你很后悔，于是你对她说什么？

（8）周末学习时你打开手机想放松一会儿，这时妈妈突然推开房门，很生气地说：“你是不是一直在玩手机？”

【设计意图】

选取最具代表性的几个场景，让学生们充分讨论、评选什么样的回答最好，从而领悟到如何与人交流，能时刻记住传递温暖、善良、爱心，记住换位思考、尊重他人。

5. 迟到的明信片

每名学生发一张明信片，一张明信片，捎去我的歉意：对不起，当初不该那样说……

【设计意图】

课堂理念落实转化为内在，让学生通过写一张歉意明信片，送给那个你曾经伤害的人（父母、同学、老师、朋友），把本节课的感悟转化为实际行动，将好好说话的意识内化于心、外化于行。

二、课堂实录

片段一

游戏：你来比画我来猜。

请学生A与B上台，老师偷偷告诉A同学要比画的内容——我比你美多了。A同学卖力地比画，B同学各种脑洞大开地猜测。下面同学发出阵阵欢笑，但是B同学始终没有猜到是什么

师：请A同学揭晓答案——我比你美多了。

全班同学开怀大笑，有几名学生说"二高林志玲"很美呀（平时班级学生对B同学的昵称），其余学生笑。

师：感谢两位同学的精彩表演，给我们带来了很多欢乐。那么，大家有没有想过一个问题，为什么A同学比画了那么久，我们都没有搞清楚她想表达什么意思，但是她揭晓答案只用了不到10秒钟，我们就完全知道了她想要表达的意思？这说明什么？

生：还是说话比较容易理解。

师：是的，语言太重要了，它让我们彼此理解、彼此沟通。（展示PPT"语言的力量"，图片"语言暴力"）

师：但是，在现实生活中，我们真的会好好说话吗？大家还记得最近的一些网暴事件吗？

师：是的，语言有着无穷的力量，如果我们没有好好说话，那么给他人带来的伤害可能远比想象的严重。下面我们来看一段视频。

片段二

交流问题：有没有曾经因为别人的一句话自己感到非常难堪、难过甚至气愤？说说给你留下深刻印象的某个场景，以及你当时的感受。

生：刚进入合唱团时不被认可，有同学就直接说“你这唱的什么呀”。当时觉得非常尴尬，也感到不被认可，很伤心。

生：我从小学舞蹈，所以进入高中也参加了舞蹈社团，进了舞蹈队，但有时候就会有人说“你可能不太适合跳舞，和我们其他队员不在一个层次上，你是怎么进的舞蹈队啊”？

生：我是个学习上比较投入、认真的人，但有些同学就会说，“你那么认真有什么用？我每天玩也比你考得好。别学啦，学了也考不好还不如多玩一玩”。

师：谢谢大家的分享，通过刚才的视频还有同学们的亲身经历分享，同学们，你们觉得让人不舒服的语言有哪些特点？

生：不顾及他人感受。

生：尖酸刻薄。

生：不怀好意、不善良、不尊重。

生：没有爱心。

生：不会换位思考。

……

师：同学们说得很好，“尊重”绝不是社交场合的礼貌，而是来自人内心深处对另一个生命深切的理解、关爱、体谅与尊重。

片段三

学生以小组为单位进行讨论。各小组将答案彩色卡纸贴在黑板相应的问题下方。

问题1：

回答一：嘿，晚上一起吃自热小火锅呀？

回答二：一次考试不能说明你的实力，不要灰心，你这么勤奋，下次一定能考好的！

回答三：失败是成功之母，别灰心，我们一起继续拼呀！

问题2：

回答一：唱出来，是你，是我，是我们大家。

回答二：别问，问就是本仙女。

回答三：别八卦啦，赶紧订正错题去，一会老师检查就惨啦！

问题3：

回答一：给他写个纸条：亲，能不能每天动作轻一点儿，我睡眠比较浅，谢谢啦！

回答二：嘿！哥们儿，动作轻一点儿哦！

回答三：再吵醒我们，你请大家喝奶茶呀。

问题4：

回答一：老师，对不起，我们刚才只是吐槽一下，您是最好的生活老师啦！

回答二：老师，刚才对不起，请你吃鸭脖。

回答三：老师，刚才的话不要放在心上，嘿嘿。

问题5：

回答一：老师，对不起，今天上课太困了，下不为例。

回答二：老师，别生气，生气老得快，我错啦。

回答三：老师，我昨晚睡太晚了，下次一定不会了。

问题6：

回答一：老师，您的礼物还在快递员手中，请耐心等待，哈哈。

回答二：老师，我们都爱您，在心里，嘻嘻。

回答三：老师，快递太慢，您久等啦。

问题7：

回答一：妈妈对不起，刚才心情不好，您做的饭菜最好吃啦！

回答二：搂着妈妈撒娇。

回答三：妈妈，生气会变老哦，明天我做饭给您吃好不好。

问题8：

回答一：我比窦娥还冤啊，妈。

回答二：手机给您吧，我不玩了。

回答三：我真的刚刚拿起来啊。

师生评选最佳答案。

师：同学们，大家看看我们评选出来的最佳答案，这些说话方式有哪些特点？

生：情商很高。

生：很暖心，有考虑对方感受。

生：很有爱，即使是提意见也是委婉的。

生：尊重他人、理解他人，能站在他人角度思考。

……

师：同学们说得太好了。希望以后我们自己在与人交往时，也能时刻记住传递温暖、善良、爱心，记住换位思考、尊重他人。从现在开始，让我们一起好好说话。

片段四

明信片：一张明信片，捎去我的歉意，对不起，当初不该那样说……

师：同学们，回想我们曾经可能伤害过的人，因为当时不经意的一句话，也许我们并不是有意为之，但可能给别人带来了伤害。现在，每位同学手中都有一张明信片，请你写上自己的歉意，把它送给那个你很早就想道歉的人吧，他们可能是你的父母、同学、老师、朋友……

学生安静思考，默默写明信片。

师：好了，同学们，希望“好好说话”不只是停留在我们今天这一节课中，希望能将今天你收获到地带到平时的生活中去。下课！记得把手中的明信片送出去哦！

三、班会反思

“好好说话”这个主题应该是非常契合高中学生的阶段特点与需求的，现代社会，每个人的自我观念都较强，个性自由，不受约束，大部分学生比较自我，说话不考虑他人感受，不会换位思考。他们一方面不想被别人伤害，另一方面却又不自觉地说着伤害别人的话，因此，好好说话也符合学生想要更好处理人际关系的心理需求，能够引发师生共鸣。

本节课应该说达到了预期的目标，学生通过分享自身经历、聆听他人内心、情境设置回答，能很好地进行自我反思和审视，再通过最后写一张道歉明信片，将“好好说话”真正落实到行动中。相信通过这节课，学生们能将好好说话带入平时的生活中，学会正确的、更艺术的说话方式，提高与人相处的能力。

每个活动的设置都很符合学生的特点，学生也非常积极地参与讨论、分享，但是由于时间限制，情境设置问答环节展开得不够充分，部分小组较慢，不能在规定时间内写出足够多的回答内容来。教师在教学过程中已经进行调整，如将问题划分给不同的小组以节省时间，但是还是出现了时间不足的情形。因此，如果想充分展开，建议这节班会适当延长时间。

班会课后，有学生来和我交流，说到中午在宿舍发生的一件小事，觉得自己当时的话虽是无心、开玩笑，但是可能会伤害到同宿舍的好朋友。我说那再送给你一张明信片。这节课拉近了我与学生的距离，让我看到了学生们内心其实有脆弱、有柔软、有善良、有委屈……感受到了他们真实的自我，相信通过长期的陪伴与引领，他们会越来越好。

【点评】

本节班会颇有“以小见大”的特点，课堂从人际交往最基本的环节——“说话”入手，引领学生切身感受不良言语给人带来的深刻感受，探讨其解决途径，体验性很强。从选材角度来说，本节班会抓住了学生容易缺失而又极为熟悉的点，所谈所思切合学生的实际需求，容易使学生产生代入感，引发学生的共情，并产生良好的教育效果。

课堂推进的过程，由游戏破冰，进而共情，再到现身说法、实际问题解决，最后用“一张迟到的明信片”收尾，从逻辑层次上来讲可谓环环相扣、首尾相顾。在班级管理中能见微知著，及时引领，颇能体现班主任工作的能力。

以文化引领新生

陈河奔

陈河奔

陈河奔，高中语文骨干教师，研究生学历，毕业于华南师范大学。

从教以来，本人以自然与真实为指导思想，与学生共同在“以尊重的教育培养受尊重的人”这一理念的指导下共同成长。

一、教案设计

（一）背景分析

校园文化是校园生活的重要组成部分，它对学生和教师的成长、教师的授课方式和学校的方针政策有深远的影响。新生入学后对学校文化的学习和接受的过程在某种程度上代表着新生适应高中生活的过程。因此，在新生入学之初，教师如何“润物细无声”地将本校的校园文化与新生教育有机结合是一个值得深思与研究的问题。

（二）班会目标

（1）认知目标：对本校的校园文化有一个初步的认识和了解。

（2）能力目标：将校园文化融入个人日常生活和行为习惯之中。

（3）情感目标：对本校的校园文化产生认同感，最终对学校产生归属感。

（三）前期准备

（1）班会课课件。

（2）招募新生主持一名。

（3）背景音乐：《光阴的故事》《那些花儿》。

（4）准备活动需要的小纸条和小锦囊。

（5）本校校园文化宣传视频。

（四）班会流程

1. 初识校园文化

播放校园文化宣传视频。

【设计意图】

教师以视频的形式向新生展示校园文化，帮助学生了解新校园的校园文化，给予学生心理期待，为下一个环节做好心理铺垫。

2. 我心中的校园文化

以“尊重是__________”为范例，描述什么是尊重。

【设计意图】

在了解校园文化的基础之上，借助班会课的机会，为新生提供一个畅所欲言和展现自我的机会。学生们在讨论中不断地拓展校园文化的外延，最后，在主持人的引导下，又将校园文化的概念缩小到日常校园生活之中。在思维激荡的过程中，学生深化了对校园文化的理解，更重要的是融洽和活跃了新班级的氛围，增强了班级的凝聚力。

3. 成长与校园文化

观赏情景剧《校园十二时辰》，一同寻找与辨析情景剧中哪些人做到了尊重，哪些人没有做到，并且谈谈你们的思考与感悟。

情景一：课室内自习课。

情景二：课室外早读开始后2分钟。

情景三：操场上下午放学后。

【设计意图】

将班会课推向高潮，新生们在生动的情景剧中体会与感受尊重的文化。尊重的文化无处不在，也无孔不入。它是我校尊重文化的重要体现。

4. 给过去的自己写一封信

虽然班会课来到了尾声，但是尊重的理念仍然需要同学们落实到生活的方方面面。课后，请同学们以尊重为主题，为过去的自己写一封信。内容可以是对过去的某一件事情的反思，或者是想对过去的自己说的话。

【设计意图】

将班会课的效果落到实处。新生们在课堂上认识和感受到了尊重的文化。但是文化和理念需要用实际行动去践行。写信的活动目的在于让学生们反思过去，展望未来。

二、主题班会课堂实录

主持人：同学们，大家好！虽然我们来自不同的地方，但缘分最终使我们相遇在这里。校园是我们学于斯、长于斯的地方。可以说，学校与我们是相互成长的关系。初来乍到的我们对学校充满期待。现在，我们先欣赏我们校园文化的宣传视频，了解我们即将奋斗三年的地方蕴含着什么样的校园文化。（播放校园文化宣传视频）

主持人：同学们，看完宣传片以后，相信大家肯定对一个词印象深刻，它是我们学校校园文化的核心，它就是尊重。现在，请同学们以“尊重是__________”为范例，描述什么是尊重。

学生A：尊重是我在写作业的时候，别人不要打扰我。

学生B：尊重是当我在睡觉的时候，别人不要吵醒我。

学生C：尊重是别人不要随便翻我的东西。

学生D：大家都在谈别人怎么对自己，我觉得尊重应该是相互的。人与人之间的交往应该相互尊重。所以，我认为尊重是我不打断别人讲话，别人也不打断我讲话。尊重也是我在自习课的时候保持安静，别人也应该保持安静。

学生E：我倒是觉得尊重不一定是人与人之间相互的。有时候别人不尊重我，但是我也要做到尊重别人。

学生F：尊重的对象难道只是人吗？我认为尊重是按时到班，遵守学校的纪律。

学生G：尊重是爱护小动物，保护环境，尊重环境！

主持人：感谢大家的积极发言。由于时间关系，我们没办法让所有同学都畅所欲言。同学们聊了很多，有的同学认为我们应该尊重他人，有的同学认为我们应该遵守纪律，也有的同学认为我们应该尊重大自然。现在，有请同学们按要求，将你对尊重的描述写在小纸条上。我们把范围缩小一点儿，你认为尊重在我们的校园生活里面到底是什么，写完后将它们塞到桌面上的锦囊里面，并将锦囊交给我。

班主任：感谢主持人，同时感谢在座的各位同学。虽然初入校园，但是我能从你们身上感受到浓厚的“尊重”气息。在刚刚的互动过程中，在座的同学都可以做到安静地聆听，发言的同学都充分地尊重他人的观点，做到了不打断他人。虽然有些同学意见相左，但是他们之间也能做到求同存异。希望大家可以在以后的生活中继续保持这种优良的作风和品质。请大家为自己刚刚的表现鼓掌。（现场鼓掌）

从大家刚刚的发言中，我们可以看到，尊重是无处不在的，它包含在我们生活的方方面面。我们即将有三年的时间，在新的校园环境里面相互学习、相互成长和相互成就。现在我们来看看，经过整理后，大家如何理解和描述校园生活中的尊重理念。有请我们的主持人上台。

主持人：谢谢老师和同学们。经过整理，大家对尊重的理解和描述主要包括以下的几个方面，即宿舍生活、班级学习、人际交往和学习规律。现在，请同学们观赏情景剧《校园十二时辰》，一同寻找与辨析情景剧中哪些人做到了尊重，哪些人没有做到，并且谈谈你们的思考与感悟。有请演员们就位。

情景一

地点：课室内。

时间：自习课。

（同学AB和同学CD两对同桌同时开始表演）

同学A：（音量低）这道题怎么写啊？

同学B：（音量低）我也不知道啊。答案是不是在原文的这一段啊？

同学A：（音量渐强）不是吧，怎么会在这里？这里明明问的是表现了人物什么样的性格特点。你找的这一段是景物描写。

同学B：（音量渐强）景物描写也有可能是间接描写啊，怎么就不可能了？

同学C：（音量低）这道数学题好难啊，你会写吗？

同学D：（音量低）我不会，你别烦我。

同学C：（音量低）真的很难，好想回家。

同学D：（音量渐强）对啊，我也好想回家，我想回家看剧，放松一下心情。

同学C：（音量渐强）最近出了一个新剧，叫作《仲夏满天心》。

值日班长：请大家安静一点儿，现在是自习课。AB和CD，你们几个一直很吵，我要登记你们的名字。

同学A：我们是在讨论问题，不是在聊天，而且我们声音很小的。

同学C：我们也是在讨论问题，也没有很大声。课室那么大，就我们几个人低声讨论问题，能吵到哪里去。

主持人：请问，同学们，你们怎么看？接下来，有请情景二的演员准备。

情景二

地点：课室外。

时间：早读开始后2分钟。

同学A：（气喘吁吁状）不好意思，我今天起床晚了，迟到了2分钟。

纪律检查员：迟到了就是迟到了，那么根据学校的规定，扣除个人分数2分，同时扣除班级分数1分。请你在检查单子上面签字。

同学A：（恳求状）真的是不好意思，请问你可以给我一次机会吗？我今天闹钟坏了，真的不是故意的。你看看我，气喘吁吁地赶过来，我知道这是不对的了。你能不能高抬贵手，让我静悄悄地回去，绝对不会打扰到任何人。我下次再也不敢了。

纪律检查员：同学，不好意思，这是学校的规定。我也只是按照学校的规章制度执行而已，请您理解和配合。具体的情况你可以和班主任老师沟通一下，我相信他会做出判断的。

同学A：（愤怒状）你怎么就那么不近人情呢！我又不是故意的，你可不可以不要那么死板，给我一次机会又怎么了？规章制度是死的，人是活的。我都知道不对了，你怎么还要扣我的分啊？到时候老师和家长肯定会骂我的，同学也会埋怨我拖了班级的后腿。都怪你！

纪律检查员：同学，我也是按照学校的规章制度检查而已，这一次迟到了，下一次不要迟到就好了。

主持人：感谢两位同学的精彩表演。相信同学们对这两个场景肯定感到十分熟悉，请同学们将你们的想法和共鸣留在心底，或者记录在本子上。我们稍后会有讨论的环节。现在，请同学们继续欣赏下一个情景剧。

情景三

地点：操场上。

时间：下午放学后。

（同学A与同学B因为打篮球发生了肢体碰撞，B同学倒地。）

同学A：不好意思，刚刚一时没注意，动作太大了。起来吧！（伸手去扶B同学）

同学B：（接过他的手，站起来）没事，我也没注意。打球嘛，肢体碰撞很正常。你没事吧？

同学A：没事没事，那我们继续吧！这次我们都注意一下。

同学B：好咧！

（此时，王老师走过。）

同学A和同学B：王老师下午好。

王老师：你们好啊，锻炼身体的同时要注意安全。同学之间要互相礼让，注意文明用语。

同学A和同学B：好的！谢谢老师提醒。

（王老师、同学A和同学B下场。男同学C和女同学D上场。）

男同学C：太好了，我们又在同一所学校里面上学了。真是缘分啊，我们6岁相识，到现在已经有10年了。人生难得有这样的好朋友。

女同学D：对啊，你这家伙啊，从小就爱欺负我。咱们也打打闹闹地认识10年了。说真的，看到一大堆新同学，我真的好紧张。我怕没办法和他们好好相处。幸好有你这个好哥哥在。

男同学C：（玩耍般地搂住女同学D的脖子）你放心吧，有我这个大哥哥在，谁敢欺负你啊。以后你有什么烦心事，一定要和我说。

女同学D：（挣脱）你注意一下，虽然我们很熟，但是我们还是要注意男女有别。男女之间还是要保持正常的社交距离。下次别这样了，不然我就生气了。

男同学C：（愧疚状）不好意思，我一时没注意。我以后一定不会这样了。

主持人：感谢几位同学的精彩表演。现在有请同学们谈谈刚刚三个情景中，给您留下深刻印象的情景是哪一个。（讨论两分钟后交流）

发言学生A：给我留下最深刻印象的是迟到同学与检查委员的争执，真的是太真实了。虽然我知道规则很重要，但是如果是我的话，我也没办法完全做到尊重规则，我也很希望可以争取一下，不想为班集体抹黑，也不想被家长知道我违纪了。

主持人：大家觉得我们应该尊重规则，还是应该为了自己的利益违反规则呀？

全体：尊重规则！

班主任：我认为应该尊重规则，因为无规矩不成方圆。规则存在的地方，就是秩序存在的地方。假如今天你可以逃避规则，那么明天其他同学也可以。

主持人：谢谢老师的点评。请问还有其他同学要发表看法吗？

发言同学B：我对自习课聊天的场景印象很深。我们到底要不要在自习课讨论问题？有时候一些问题很急、很难，我一定要解决，不然作业就写不下去了。所以我会马上找同学讨论。但是我们俩讨论的音量还好，就怕越来越多的同学讨论以后，噪声就积少成多了。同学们能不能想出一个两全其美的办法？

发言同学C：我觉得还是不要在自习课上讨论了吧。你解决了自己的问题，但是你讨论的对象是真的想要和你讨论吗？你是否尊重了他，是否尊重了班级其他同学认真学习的心？我建议班级不能讨论，把问题留到课间。

发言同学D：我也赞同不讨论，有时候说着说着就变味了，变成聊天了。不尊重其他想要认真学习的同学。

主持人：请问老师，您有什么看法吗？

班主任：说得很全面，真是“三个臭皮匠赛过诸葛亮”。

主持人：还有同学想要分享吗？

发言同学E：我认为场景里面的尊重老师和尊重同学，大家都可以做到。最难的是尊重异性同学呀。有时候和异性同学熟了以后，不知不觉地，两个人之间的相处就有点过分了。保持适当的社交距离真的是特别重要。

主持人：感谢这几位同学的分享。同学们，我们学校的校园文化就是以“尊重的教育培养受尊重的人”。“尊重”是一个外延很广的词，我们在日常生活中要尊重同学、老师，也不能为了自己的利益而不尊重规则与集体的利益。当然，尊重的理念远远不止这些。希望我们可以在以后的校园生活中齐心协力地丰富我们的校园文化，让尊重的文化熏陶受尊重的人。最后，有请班主任做总结发言。

班主任：谢谢主持人，谢谢同学们。尊重是学校的校园文化，也是硬币的两面，我们既要尊重自己也要尊重他人。尊重是一种文化，它无处不在、无孔不入。希望同学们在生活中秉承尊重的理念，让自己成为一个受尊重的人。请问大家可以做到吗？

生全体：可以！

班主任：现在请大家课后以“尊重”为主题，给过去的自己写一封信。过去的你，可能还不太懂得尊重自己，也有可能在某些事情上没有尊重陌生人、你的朋友或者你的父母。如果你现在可以穿越回去，我相信你们肯定有很多话想和过去的自己说一说。完成以后，大家把信交给我。三年后，我把它交还给各位。

三、班会课反思

班会课是师生共同成长的重要方法。因此，班会课上什么和如何上这两个问题就成了广大班主任需要积极思考与应对的问题。初出茅庐的我，总不喜欢上班会课。在我看来，班会课的实用性并不大。作为一名语文教师，我爱钻研语文课，因为它有知识性，同时也可以在其中渗透许多情感态度与价值观方面的内容。但是经历了两年的班主任工作后，我越发地感觉到了班会课的重要性。一方面，班会课的内容具有很强的针对性和灵活性，它可以根据班级的实际情况灵活调整。另一方面，它的内容和设计灵感常常来源于生活，呈现和升华的内容却高于生活。接着，我将从选题到实施等几个角度对本节班会课进行反思。

（一）选题：来源于生活

在选题的时候，我选择了以新生与校园文化为班会课的对象。新生教育内容包罗万象。在我看来，校园文化是一个很好的切入点。新生进入校园后，他们的所见所闻和所思所想都被校园里面的一花一草和教师们的言行举止所影响。这些影响物都是校园文化的投射。因此，我选择了将校园文化与新生教育相结合。

我校的校园文化的核心内容是“尊重”，倡导以“尊重的教育培养受尊重的人”。尊重是一个外延十分丰富的词，我在设计的时候重点以学生本位的方式，引导学生对“尊重”这个词的外延进行生成性思考。

另外，我选择了校园中常见的场景去展示尊重这一概念，在日常生活中的表达。这几个场景必须贴近学生的日常生活且必须真实，尽可能最大限度地引起学生的共鸣和思考。最后，班会课在学生们的生成下丰富了我校的尊重理念，也能让这一理念深深地根植于学生们的思想之中。

（二）实施：生成自然，力求真实

在实施的过程中，本节班会课多以学生的生成为抓手推进课程，力求体现学生们的真实情感。在本节班会课中，学生们对尊重这一理念的理解和在观看情景剧后的思考是难以预料的，他们的回答充满了不确定性。这十分考验班主任的临场反应和其对主持人的培训效果。这样的班会课虽然真实但是充满了风险。

在实施这样的生成性班会课时，必须提前做好各种预案，要做到成竹在胸。我们不能害怕这种不确定性，而要想办法拥抱这种不确定性。因为它可以让班会课更加深入学生们的心里。

（三）结果：拥抱遗憾的美好

在班会课后，不少学生对我校校园文化有了深刻并且独特的理解。尊重是相互的，也是多层次的。我们既要追求人与人之间的尊重，也要追求对规则的尊重。但是在生成的过程中，学生们并没有生成对日常规律的尊重。在我的原设想中，我希望学生们可以对学习方法和学习规律进行反思。可惜由于时间的限制和个人能力有限，同学们并没有生成出相关信息。

【点评】

本节班会课以新生文化为主题，设计流程具有清晰性和流畅性，主题具有前瞻性和时代性，内容具有教育性和可操作性。基本的思路为分享与感悟，班会环节设置学生分享身边尊重事例。班会课的最后，师生的深情对话顺利将本节班会课推向了高潮。在班会中如果能请到师兄或师姐出场发言来画龙点睛，势必会把我校“三实”思想体现得更加淋漓尽致。

第二章

彼岸风光好　少年不如规

如何有效利用时间

贾 倩

贾倩

贾倩，毕业于华中师范大学城环学院，主修人文地理专业。任高中地理教师9年，担任班主任5年。曾多次带领学生参加中国青少年科技创新大赛并获得国家二等奖，获得“优秀科技辅导员”称号，以及学校的教书育人银奖。对教育有着自己的理解，任教期间尊重教育成长规律，贯彻落实“三实”理念，积极开展家校合作活动，构建了班级的五维管理体制。在班级建设过程中，充分调动和利用教育资源，凝聚教育合力，共同推进班级的健康发展。积极探究和开展职业生涯规划专题讲座活动，本着走出去、请进来的原则，帮助学生了解自我，探寻方向，构建幸福人生，共筑和谐社会。

一、班会教案

（一）背景分析

“拖延症”这个词是时下流行的词汇，虽然大家都知道拖延不好，但是对自己的拖延行为却无能为力。很多学生考试后品尝到拖延酿成的苦果，甚至会痛哭流涕，悔恨不已。紧接着自我反思，找问题、做计划，一副准备大干一场的架势。但是很少有学生能够坚持一个月的，有的甚至连一个星期都坚持不了。到底是计划出了问题，还是自己的意志力不够？如果是意志力不够，那么怎样才能增强自己的意志力？那些成功的人是怎么做到的？这些是我们进入高二阶段，甚至更早的时候应该帮助学生解决的问题。

另外，把这个主题插播在职业发展规划的第二节班会课来讲，有着非常大的现实意义。高二是个特殊的阶段，高一下学期文理分班以后，学生渐渐地进入角色，对自己未来要走的道路有了一定的认知，对学科和周围的同学也渐渐地熟悉了一些，有了一定的学习方法。经历过几次考试，他们也受到过一些挫折和打击，有疑惑并想要找到出路。另外，这个群体中的优秀个体也渐渐凸显，有一定的示范和榜样作用。此时邀请优秀个体来现身说法，一方面想让学生了解在某些方面自己和学绩优秀的学生是没有太大差距的，甚至还超过他们；另一方面，让学生近距离了解优秀的人是怎么计划和安排自己的时间，两相比较找到阻碍自己计划顺利进行的原因，讨论解决的途径，然后实施。

（二）班会目标

（1）引发思考，是否做过一些计划，但最终无法完成，到现在都后悔不已。

（2）分享自己，曾经做过的计划以及坚持的时长，其中成功坚持或者放弃的原因。

（3）学习榜样，通过年级多次名列前茅的学生分享他们做计划的方法，坚持完成计划的措施，进而实现自我提升。

（4）完成计划，介绍时下流行的“番茄时间管理”法，让学生制作自己的番茄计划表，进行分享。

（三）前期准备

（1）邀请学绩优秀的M、G君，让他们大概了解班会主题，请他们提前做好准备，但不引导或者干扰他们思考。

（2）制作班会课的宣传海报对将要进行的班会进行宣传和铺垫。

（3）设计问题、制作课件，作为引导班会的线索。

（4）设计测试活动。

（5）《番茄时间管理》相关材料若干，提前放在班级，要求学生们对该内容作基本了解，提前思考。

（四）班会流程

1. 问题引导，引发学生对时间管理相关问题的思考

（1）问题一：你是否列过学习或者生活清单，希望养成良好的学习习惯？

（2）问题二：你坚持了多久？你成功坚持或者放弃了的原因是什么？

【设计意图】

问题一是为了让学生产生共情，从而迅速进入话题情境。

问题二有两个设计意图：第一，让学生发现很多人都和自己一样列过清单，明白自己并不是唯一坚持不到最后的人，这样不会太自责，同时他们也会发现原来有人竟然可以坚持那么久，而且计划做得那么好，从而会找到自己的榜样，而做得好的学生会更有自信，也更愿意把自己的成功经验分享给大家；第二，坚持通过让学生逐个分享自己坚持失败或者成功的经验，去除问题的神秘性，让如何列一个好的清单，如何把一个科学的清单坚持到底，如何在坚持的过程中找到快乐等情形一一呈现出来。

2. 注意力测试

测试方法：请大家都拿出一张纸。从1开始写，然后是2、3、4……一直写下去，如果写错了就停下来。测试结束。写的数字越大，说明注意力集中度越好。

【设计意图】

大家都知道集中注意力可以提高学习效率，但是很多学生对自己集中注意力的能力并不是很了解。这个小测试首先可以让学生对自己注意力集中的能力有一个客观认识。其次，通过对比，让学生发现越是学习好的同学，他们集中注意力的时间和集中注意力的能力越强，从而引出如何利用人们注意力集中的时间规律来做好时间管理。

3. 简要介绍《番茄时间管理》并讨论其优缺点，进而制定自己的番茄时间表

第一步，简要介绍《番茄时间管理》，即把一天的工作分割成不同的小模块，每一模块都可以在25分钟内完成，每工作25分钟休息5分钟。每完成一项，在番茄工作列表中标注一个符号，并给自己一定的奖励，这样既收获了效率，又有成就感。

第二步，让学生讨论番茄时间管理的优缺点和可行性。

第三步，制定自己番茄时间计划表并想办法完成。

【设计意图】

通过简单介绍和讨论，大家对什么是番茄时间管理、怎样结合自身的特点对番茄时间进行划分，有了科学的认识。这样设计自己的番茄时间管理表格便有了基础，然后根据之前计划清单的坚持技巧，找到合适的互助伙伴，一起监督完成番茄时间列表。在相互监督和鼓励的同时，学生们团结互助的情感和班级的学风和班风都得到增强。

二、课堂实录

片段一

L同学：我列过一个寒假英语学习计划，坚持了一个寒假非常有效果。

教师：能跟同学分享一下你是怎么做这个计划的吗？

L同学：好的，因为我英语不是很好，所以寒假开始就列了一个小计划，每天做8个阅读理解，5个短篇，3个长篇。为了能够把计划很好地坚持下来，我把书进行了拆分，每隔几页就标上一个日期，提醒自己这几页是在某天之前要完成的。一共坚持了7周，感觉自己的英语成绩提升了很多，我很开心。

教师：听完L同学的分享，大家觉得她的计划成功的关键是什么呢？

W同学：她把作业拆分了，这样计划更小、更具体，操作起来没有那么大的压力。

Y同学：她在书页上标上日期，这样给自己一个明确的期限。目的性更强。

教师：非常好，老师还想补充一点，大家发现L同学做计划的目的很明确，所以明确目标很关键，而且她把长期计划分割成了短期易操作的计划，更好执行，非常棒！

片段二

教师：我们今天请来了两位年级的“学霸”，让我们用掌声再次欢迎她们的到来。首先请H同学来分享一下自己是如何做计划的。

H同学：大家好，我很少做长期的计划，一般都是做一天或者两天的计划。比如考试结束，我发现自己的数学比较薄弱，我会先分析是哪些知识点有问题，然后做一个大致的规划，把要解决的问题分配到最近的几天内。然后每天解决一个或者两个具体的问题。

教师：那么H同学，你从来不去做长期的计划吗？

H同学：非常少，但是我会有一个长期的目标，如我想下次期中考试我的数学成绩能够前进50名，那么为了这个目标，我会大致把要解决的问题分配到每个月，或者每一周。具体执行我还是依靠短期小计划。

教师：非常感谢H同学的宝贵经验。

片段三

教师：我们听了成功同学的经验分享，那么我也想听听，那些没有能完成计划的同学的分享，是什么阻碍了你们计划的完成？

Z同学：我做过很多计划，但从来没有坚持过一个月，每次都是虎头蛇尾，原因是在实施计划的过程中，渐渐地发现没有兴趣了，也就不想再做了。

Q同学：我也做过不少计划，刚开始一两天还可以坚持。但是有的时候，同学喊我玩或者学校组织活动，或者家里人一干扰，我就没有再坚持了。

S同学：我曾经做过一个计划，为了完成计划，我还找了个同学结伴，相互监督。但是后来她比我的意志力还要薄弱，刚开始还坚持了几天，后来干脆一起放弃了。我俩算是最佳损友了。

教师：非常感谢大家的分享，我们总结一下会发现，列计划首先要目标明确；其次计划要有明确的时间限制，短小好执行；最后计划要找个可靠、严格的朋友来监督执行，也可以给自己适当的奖励，犒劳一下自己。

片段四

教师：关于番茄时间管理大家有什么补充吗？

M同学：我认为严格用25分钟做划分，太过死板。可以根据问题的难易程度进行时间划分，比如20个英语单词这样的任务，可以限定在10分钟完成。任务完成就休息3分钟。这样更实用。

T同学：对，我觉得番茄时间管理可以大家一起做，一个人做太没意思了，我们可以分成学习小组，每个小组的人用统一的时间管理。比如，早上我们要完成一篇古诗的背诵5分钟，时间一到，就开始相互抽背，谁背不下来就给大家买零食。这样奖励也有了。

教师：非常好，番茄时间管理是让大家把碎片化的时间利用好，再集中注意力，提高效率，劳逸结合。

三、班会反思

班会课应是一个完整科学的体系，每个阶段都要有明确的大目标和小主题，每个主题之间要相互呼应。每个年级根据学生的特点、学校的培养目标来制定阶段主题，形成一个体系，开学之初就要做好计划，做到心中有数、有条不紊地开展工作。

班会之前要先对问题进行设计，当然在班会开展的过程中会生成很多问题，需要班主任灵活处理，与主题相关的可以做一定的拓展和补充，与主题无关的要看其是否是有价值的问题，如果是有价值的可以在以后的班会课中作为另一个主题展开。

由于班会时间是有限的，所以前期的准备工作非常重要，包括上一次班会课结尾的时候要对下次主题有所暗示，制作宣传海报，借阅相应的材料，或者与特邀嘉宾进行沟通，或者预先发放调查问卷等等。

后续工作也非常重要，因为这节课的主题是时间管理，这是贯穿整个高中的一个问题，非常有现实意义。所以，后期一定要开展一系列与此相关的工作，如分组监督和评比，定期展示和奖励计划制订和执行比较好的学生。对照学生的学习成绩来做对比分析，正向激励学生养成良好的时间管理习惯。

【点评】

高中阶段，学业任务重，学科难度大。部分学生面对众多的习题和学习任务时，会觉得时间不够用。高中班主任通过主题班会，引导学生安排时间，做好时间管理，具有非常大的现实意义。从班会课设计来看，选题上，贴近学生阶段状况，让学生产生共鸣；活动人选上，选取的是朋辈关系中的同龄人，生活环境与时代背景相同，有较强的说服力；课堂设计上，巧设情境，具有很大的操作指引性。另外，课前教师准备充分，课堂中学生参与程度高，课后教师有跟踪意识。平心而论，本节班会课，算是比较成功的一堂班会课。

从教师设计意图来说，将时间管理作为生涯设计课程中的一部分，本身具有一定难度，时间管理会融入人的一生，以何种形式切入，就很需要智慧。人生不同阶段，面对的主题会不同，在时间的分配上是不一样的，高中阶段班会课，更多的是针对具体问题，做好习惯培养和方法策略的建议。

本节班会课，可以看到贾老师在试图努力达到以下三个教育效果。

1. 促进学生合理安排时间

做好时间管理，一方面能够让学生意识到时间对于学习生活的重要性，知道自己该做什么、不该做什么、该怎样去做，明白“时不我待”的道理。同时促使学生整合利用零散时间，提高时间的利用效率。另一方面，强化了学生的理想信念教育，从而为他们的自我管理和学习成长打下更为坚实的基础。

2. 推动班风学风建设

当整个班的学生都认识到时间的重要性时，他们就能够很好地区分事情的轻重缓急，合理安排个人的学习生活，进而养成良好的学习生活习惯。这对于形成优良的班风和浓郁的学风具有巨大的推动作用。

3. 引导学生规划未来

常言道：“凡事预则立，不预则废。”每个学生都应该从时间管理的角度出发，牢固树立未雨绸缪的意识，做个有计划的人，统筹安排好自己的时间，为自己的人生梦想全力以赴。

选择有风险，抉择需谨慎

——高一选科主题班会设计

高 志

高志

高志，深圳市第二高级中学心理教师。深圳中小学心理健康教育专业委员会委员，深圳市教育学会生涯教育专业委员会副秘书长，深圳市教科院特聘心理咨询专家组成员，深圳市第二高级中学心理组组长，北京师范大学心理健康教育硕士，国家二级心理咨询师，国家高级家庭教育指导师，国家绘画投射分析师，国家生涯规划指导师，国家高级心理保健师，广东省心理学会会员，深圳市家庭教育讲师团成员，深圳市心理危机干预核心组成员，广东省中小学心理健康教师C证培训讲师，广东省首批心理骨干教师培训班成员，曾获深圳市直属学校心理教师技能大赛第一名，市总决赛第五名，获深圳市直属学校“年度教师”提名奖。

曾多次参与国家、省、市级课题研究，并获一、二等奖。出版专著《为雨季撑一把伞》，参编《积极心理活动课操作指南》《尊重型德育理论与实践》《生涯规划》三部著作。论文、心理剧剧本和课例等都曾多次获奖或发表。

因工作认真、专业扎实、业绩较突出，曾连续9年获得学校教书育人奖，其中银奖6次、金奖3次，深受学生、家长的信任和喜爱。

一、教学设计

（一）教学背景分析

高一上学期末，学生面临选科的抉择。许多学生从小到大都成长在“过度保护”“被动受控”的环境氛围中，较少有自由选择的机会，缺乏抉择策略指导与训练。在面对选科抉择时，有的学生思考比较片面，考虑比较简单，甚至存在许多对选科的误解。例如，受传统“学好数理化，走遍天下都不怕”的观念影响，认为智力好、学习好的人应该选理科，只有学习差、智力差的人才学文科，或认为文科只要背诵就好。有的学生则畏惧选择，不知道该如何进行抉择，还有的学生只是看学科成绩或喜好，而没有更深入地认识到选科可能产生的结果和影响。

（二）教学目标

（1）认知与目标：协助学生更加全面地思考和认识选科对自己可能产生的影响，厘清自己进行选择时需要考虑的因素。

（2）情感态度与价值观：培养学生以对自己和未来负责任的心态，开放交流、全面思考、理智抉择。

（3）过程与方法：带领学生使用生涯抉择平衡单来进行生涯抉择，运用蝴蝶模型来进行生涯适应性训练，使学生能掌握工具来进行自我生涯抉择与调适。

（三）教学准备

课前调查、生涯抉择平衡单、蝴蝶模型图、视频。

（四）教学过程

1. 团体热身阶段

上课伊始，学生尚未有足够的情绪、精神准备，对主题和目标茫然无知，团体内开展互动、交流、分享的氛围尚未形成。通过团体热身，调动学生情绪，集中学生注意力，并通过紧扣主题的热身游戏，引出今天的辅导主题，一举两得。

教学步骤：热身游戏——抓与逃。

（1）左手抓，右手逃。

（2）抓逃交替。

以此引出选科分科的三种内在模型：

（1）双趋冲突：两个都想要（两利相权取其重）。

（2）双避冲突：两个都不想要（两害相权取其轻）。

（3）趋避冲突：想要其中一个，不想要另一个（毫无压力做选择）。

【设计意图】

上公开课时，学生还有点紧张，尚未有足够的情绪、精神准备。本热身活动正好隐喻了在选科中学生内在的心理冲突，通过游戏的情境，可引发学生的共鸣，有利于本节课讨论的深入。

2. 团体转换阶段

班级团体辅导的团体转换期肩负着由“团体凝聚力初步形成”向“运用团体动力解决团体共同关心的某一发展问题”转移的重要任务，这是一个创设情境、提出问题、激发成员探索成长困惑的欲求、逐步催化团体动力的过渡时期。这一时期的工作重点是展开主题。

通过观看视频，引发大家产生“选择有风险，抉择需谨慎”的意识，重新审视选科对自己未来的影响和意义。

教学步骤：

（1）观看视频，视频内容是采访不同选错专业的大学生，让他们现身说法，告诫大家在进行选科时要谨慎。

（2）帮助学生梳理学科的差异与选科的误区。

【设计意图】

班级团体心理辅导的团体转换期肩负着由“团体凝聚力初步形成”向“运用团体动力解决团体共同关心的某一发展问题”转移的重要任务。这一时期的工作重点是展开主题。在此采用的视频，是人物采访，采访的对象是大家都期待成为的大学生。大学生现身说法，有利于引发学生关于选科方面更全面、深刻的思考，也会有更多的启示。

3. 团体工作阶段

团体工作期是团体基本成熟后进入解决实质性问题的关键时期。这时的团体动力才真正开始有效动作，此时即可进入以“自我开放、面质、回馈”为基本要素的团体工作阶段，其重点是问题探索。

此阶段，重点指导学生结合自己的思考与分析，学习使用生涯抉择平衡单和蝴蝶模型图，并且进行以“真诚、开放、分享”为特征的相互讨论与反馈。大家彼此借鉴与学习，不断提升自己思考的深度与广度。

教学步骤：

（1）理性抉择——生涯抉择平衡单（表1）。

表1

考虑因素	加权（1～5分）	文科	理科
学科兴趣（可细分）			
学科成绩（可细分）			
学科潜能			
兴趣特长			
高校专业			
未来职业			
父母意见			
性别原因			

注意事项：每个项目之重要性因人、因时、因地而异。为他们乘上加权分数，加权范围1～5分，计分范围1～10分。乘上加权分数后使差距变大，有助于看出各方案在你心中的重要性排序。

生涯决策平衡单可以帮学生在进行职业选择时，将需要考虑的多方面因素，从一团乱麻中理出头绪来，帮他们梳理思路，客观、清晰地做出合适的选择。

（2）蝴蝶模型。

蝴蝶模型源于生涯混沌理论，认为个体生涯是一个动态开放、多因素交互作用的复杂系统，关注个体职业发展过程中环境变化、重要的他人影响等各种意外事件的不确定影响。该模型可以帮助学生提升其生涯适应能力。

【设计意图】

本阶段主要运用了生涯抉择平衡单和蝴蝶模型两个工具，来引领和指导学生们进行更加科学而理性的思考。

4. 团体结束阶段：故事分享与途径推荐

团体结束期的重点，是设置富有新意、余音袅袅的结束氛围，为本次主题探索画上一个圆满的句号。通过结尾的升华，鼓励学生将认知、经验加以生活化和行动化，使学生的收获向课外延伸和拓展。

教学步骤：

（1）哲学家芝诺用“大圈”与“小圈”来类比知识与困惑的比较。引导学生合理看待在这节课中所产生的疑惑。

（2）探索职业与专业的方法介绍（表2）。

表2

媒介探索法	人物访谈法	校园模拟法	现实实践法
书籍、报纸、杂志	问卷调查	生涯课程	参观目标大学
高校官网	职业生涯规划专家	生涯夏令营	参加目标企业
企事业单位官网	校内生涯导师	生涯主题活动	职业现场考察
社交媒体	父母、亲友	校内职业任务模拟	实习
生涯规划网站	大学生/家长	社团/学生组织	旁听大学课程
高考志愿填报指导网站	职场人士	学科创新竞赛	参加志愿活动
纪录片、访谈类节目	大学教师	高校说明会	参加行业论坛或展览活动
—	行业达人	企业招聘会	参加专业学术论坛

（3）“趣”字解析：趣——唯有去行动，才能真正找到。所以，要在职业体验中进一步探索自己的真正兴趣所在。

【设计意图】

最后阶段的设置，目的是激发学生更强的动力，鼓励学生将认知、经验加以生活化和行动化，使学生将收获应用于接下来的实践当中。

生涯规划是一个长期的探索过程。通过芝诺的故事，让学生们理解和接纳自己在学生探索中产生的困扰，正面认识关于正确认识困扰的价值。通过介绍探索职业与专业的方法和途径，让学生有更开阔的视野去开展职业生涯规划。最后的“趣”字解析，则是升华主题，鼓励前行。

二、教学实录

师：上课。

生：起立。

师：同学们好！

生：老师好！

师：同学们请坐！

（一）游戏导入

（教师播放幻灯片，上面显示："热身游戏：抓与逃。第一关，左手抓，右手逃。第二关，抓逃交替。"）

师：请所有同学起立，伸出你的双手，左手的掌心向下，右手竖起食指向上。调整相互之间的距离，让右手的食指顶住右边同学的手掌心。接下来，当我数到"1"时，用你的左手去抓左边同学的食指，而你的右手迅速逃离右边同学"魔掌"。准备好，3、2、1.5……

（学生在紧张中反应错误，全场大笑。）

师：我说的是1.5，不是1。好，1。

（学生有的尖叫，有的大笑。）

师：成功抓到了的同学请举手，成功逃脱的请举手。

（学生举手，逃脱的比抓到的多。）

师：好像逃得比较快。接下来，第二关，抓逃交替。我解释一下，在每一组当中有两列，坐在左边这列为"1"，坐在右边这列为"2"。所有是"1"的同学，双手食指竖直向上，所有是"2"的同学，双手手掌向下。明白吗？所以，每一个同学都只有一个角色。

（有学生议论，想做"抓"的角色。）

师：没办法，这是游戏的规划，也是"命运"的安排。3、2、1。

（学生快速行动。）

师：抓到的同学请举手。

（有两名男生，一名女生举手。）

师：好，有两位男生和一位女生成功地抓住了，掌声。

（学生鼓掌。）

师：刚刚在这个游戏中，你有什么样的体验呢？这可能就是我们在选择当中，可能要面对的三种情况，来看一下。（①双趋冲突：两个都想要，两利相权取其重；②双避冲突：两个都不想要，两害相权取其轻；③趋避冲突：想要其中一个，不想要另一个，毫无压力做选择。）第一种情况，刚才是"2"的同学，想两个手都抓住的时候，你的内心体验是什么样的？

生：紧张，想两个都抓住，又担心其中某个逃掉了。

师：当我们作为“1”的角色，两个手都想逃离的时候，我们将这种冲突称为“双避冲突”。就是两个都不想。第三种叫“趋避冲突”，也就是一个是你想要的，另一个是你不想要的，这种选择自然毫不费力。而我想，在最近的两个星期，我们班的同学也正在经历或者已经经历过这当中的内心冲突之一。好，调查一下，当你在选科的时候，觉得自己是哪个科目都舍不得的，属于“双趋冲突”的，请举手。

（学生面面相觑，没人举手。）

师：大家太谦虚了吧，一个都没有？

（学生反应比较冷淡，似乎承认“厉害”是件有风险的事。）

师：好，那有没有任何科目都不想选的？

（有两个学生举手。）

师：这样看起来，大家做选科不难嘛。那大家就基本属于“趋避冲突”了，现在请举手。

（大部分学生举手。）

师：哦，恭喜你们！你们做这个选择确实比较轻松。但是大家做学科选择，是不是一个很重要的选择？

（学生点头。）

师：好，我来给大家看一个视频。

（二）视频观看，思考选科的重要性

（中国青年报社会调查中心发起的一项调查显示（10005人参加），当初报考高考志愿时，67%的人并不了解自己所选的专业，67.9%的人承认自己在报考专业时是“盲目的”，71.2%的人表示如果有可能，想重新选择一次专业。这不禁让人感叹：“难道我们真的要用十年准备这一战，却用三天决定这一生？”该视频为腾讯采访，采访对象为大学生，内容是他们对于自己所选择的专业的满意度，还有当时自己是如何选择专业的，现在又有怎样的感悟和反思。）

师：好，这个视频虽然谈的主要是高考志愿选择，但其实大家选科时，是不是已经开始选择未来专业了呢？是的，因此“选择有风险，抉择需谨慎”。在刚才的视频里，那位大学生说自己只花了10分钟时间就做了选择，那接下来我邀请大家，起码花20多分钟的时间，来认真思考一下自己所进行的选科。好吗？

（学生点头示意。）

师：我相信，经过再一次的思考，无论你的选择与之前是相同还是不同，都将会是更加有深度和更可靠的思考。那接下来，我给大家来展示一下，自己对于选科差异的一些分析。让我们厘清选科的差异。

（表3）：

表3

比较项目	理、化、生	政、史、地	选科兼需
大致的霍兰德类型	实用型（R）	传统型（C） 艺术型（A）	研究型（I） 管理型（E） 社会型（S） 管理型（E）
主要对应专业	理学、工学、农学、医学（276/506）	文学和历史学	哲学、经济、法学、教育学、艺术学、管理学
可能误区1	理科不用背？错！化学、生物、物理电磁学要背的多了 文科只要背？错！博古通今，更要有较强的分析问题能力和较广的知识面		
可能误区2	“一、二段考成绩还不错，对比高考一本录取线，感觉妥妥的？”错！告诉你一个“良苦用心”的“坑”。千万不要以为纯理科容易，理科需要较强的逻辑思维能力，后面的挑战会很大！要有足够的心理准备！		
特殊情况	部分院校的个别专业会招收文科生，如广州中医药大学的中医学，农学中的园林、园艺等专业。理学类的心理学类，如北京师范大学、西南师范大学也招文科。 个别院校的工业设计、城市规划专业也会招文科生，如北京工业大学工业设计专业、华中科技大学的城市规划专业		

师：请大家看一下这张表格。好，那么接下来，我请大家一起来回忆一下，当你在选科的时候，你考虑了哪些因素呢？

（三）生涯抉择平衡单，厘清思路，理性抉择

师：请大家看学习单上的生涯抉择平衡单，将自己选科时的考虑因素写在“考虑因素”这一列当中。

（学生在学习单上填写，时间为3分钟。）

师：好，我看到有的同学写得比较多，有的同学写得比较少。那么，大家写的只是自己的思考，大家一起来分享能让我们从更广、更深的角度来思考。接下来，谁来分享一下，你考虑了哪些因素呢？

生1：学习成绩、兴趣。

师：好，这都非常重要，谁来继续补充？

生2：我会考虑以后的就业，因为我的父母都是文科的老师，所以我也想选纯文科，以后做老师。

师：好，我们将这位同学说的概括为家庭因素和就业方向。

生3：我选择纯理科，因为我很在乎跟（8）班同学之间的关系，希望可以跟大家在一起，甚至将来大家可以一起去相同的地方读大学。另外，我在初中的同学也很让我怀念，我很珍视这样的友谊，我希望将来考上一所好的大学能为我的初中学校增光添彩。

师：这个同学选择纯理科，是因为他很在乎跟大家之间的关系。有没有让你感动？

（掌声。）

师：嗯，我们称之为同伴关系吧。然后，他说到的想让初中学校因他而骄傲，我觉得这个有点使命的感觉了。

生4：我的考虑是，纯理科的录取线比文科相对要低，相同的分数，纯理科能录取的学校比文科要好。

师：哦，所以你考虑的是录取概率。好，因为时间关系，我们就先分享到这里。那教师这里也有一些因素，作为参考。（见表4）

表4

考虑因素	加权（1～5倍）	文科	理科
学科兴趣（可细分）			
学科成绩（可细分）			
学科潜能			
兴趣特长			
高校专业			
未来职业			
父母意见			
性别原因			
……			

师：接下来，请综合上面这些考虑因素，找出你自己觉得比较看重的，将它们写在你的生涯抉择平衡单上，2分钟左右的时间……好，接下来

进行第二步，赋权。什么是赋权呢？其实就是指某项因素的重要性程度。例如，同样是“父母期待”这个因素，A同学可能觉得它非常重要，重要到是其他因素的5倍，那我们就将这个因素的得分乘以5。B同学觉得是很重要，但也不至于5倍那么多，差不多就是乘以2，也就是乘以的倍数就是其重要性程度的体现。好的，我讲明白了吗？接下来，请大家给自己所列举的因素赋权吧。

（学生先完成生涯抉择平衡单。）

师：谁来分享一下，自己赋权最重要的是什么，为什么？

生5：我赋权最重的是兴趣，因为兴趣是最好的老师。

师：嗯，这位同学认为兴趣最重要。好，那大家赋权最低的因素是什么呢？有没有人愿意分享一下？

（没有人回应。）

师：好的，那接下来第三步，评分。请大家为自己所列举的每一个因素都评一个分数，总分是10分。然后将单项的评分乘以赋权的倍数，最后对比各因素在选科上的不同总分。

（学生开始计算。）

师：好，算完的同学请举手。

（大部分学生都举手了。）

师：现在你看一下，你所量化算好的结果跟之前做的决定是一致的请举手。

（大部分学生都举手了。）

师：好，我看到大部分是一致的。只有少数几位同学不是。没关系，教务处还有一个最后修改选科的日期。2月3号前，你仍有机会更改选科，只需向教务处递交附有家长和班主任签名的书面申请，你可以在接下来的这段时间，再好好想一下这个问题，假如确定要修改，你就可以通过书面申请的方式递交到教务处，进行修改。

（四）蝴蝶模型，应对生涯变幻

师：俗话说，“理想是丰满的，现实是骨感的”。那接下来，我们一起来学习一个帮助大家应对现实变幻的生涯工具——蝴蝶模型。大家一起来看黑板。（板书展示蝴蝶模型）左边的圈代表理想圈，右边的圈代表意外圈。我们如何来使用呢？我来给大家讲解一下（图1）。

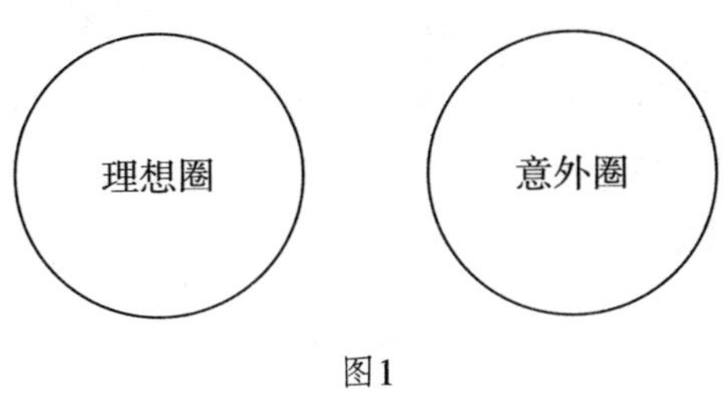

图1

现在的情况是，我们选好科了，你是不是该想一下你的学习大计了？看左边圆圈：

（1）在12点处，写上所选科目，或者加上某某大学某某专业，因为这是你的未来目标。

（2）在3点处，写下你一学期后的目标。

（3）在6点处，写下你一年后的目标。

（4）在9点处，写下你两年后的目标。

然而，计划总是赶不上变化。接下来，我们一起来看右边这个圈，这个叫意外圈。大家想一想，有可能会遇到什么意外？

生6：原来所选学科没有“我以为”的简单——成绩下降，难度越来越大。

生7：发现了自己的“真爱”，但不是自己所选的科。

生8：物理老师不是原来的了。

师：好，那么大家可以根据自己的想象，在右边意外圈的6点处，写上某项“意外”，然后在其12点处，写上可能对原理想计划所产生的影响，更重要的是你自己应对的抉择。接下来，在其9点位置，也就是与理想圈的交会处，做出目标变更调整。然后再顺时针调整理想圈的其他目标和计划。

（学生在自己的学习单上进行书写。）

师：由于时间关系，我们今天就不在课上分享。我想说的是，现实变幻莫测，但是我们都能够从容应对，因为我们即使在无法改变的意外之前，也可以去做最好的抉择与行动。

（五）故事分享与途径推荐

师：古希腊有位著名的哲学家，叫芝诺。一次，他的学生问他：“您的知识这么渊博，可您为什么还是孜孜不倦地学习呢？”芝诺画了两个一大一小并在一起的圆圈，然后向他们解释说：“大圈里面是我掌握的知识，小圈里面则是你们掌握的知识。显然我的知识比你们多，但是在这两个圈的外面，就是你们与我无知的部分。你们说，面对浩瀚无比的知识海洋，我怎能不学习呢？”所以，讲完这节课，如果你疑问更多了，那说明你的知识本领增强了！但是当我们的疑惑增多了，我们如何去学习并解惑呢？我想给大家提供一些途径（见表5）。

表5

媒介探索法	人物访谈法	校园模拟法	现实实践法
书籍、报纸、杂志	问卷调查	生涯课程	参观目标大学
高校官网	职业生涯规划专家	生涯夏令营	参加目标企业
企事业单位官网	校内生涯导师	生涯主题活动	职业现场考察
社交媒体	父母、亲友	校内职业任务模拟	实习
生涯规划网站	大学生/家长	社团/学生组织	旁听大学课程
高考志愿填报指导网站	职场人士	学科创新竞赛	参加志愿活动
纪录片、访谈类节目	大学教师	高校说明会	参加行业论坛或展览活动
—	行业达人	企业招聘会	参加专业学术论坛

最后，我想跟大家一起来解读“趣”字。大家都希望生活有趣、有意思，那么，怎么样才能做到呢？大家看“趣”由“走”和“取”两个字组成，也就是说唯有去行动，才能真正找到。那么这个寒假，我们将会做生涯的社会实践。请大家关注，并积极参加我们的寒假社会实践。这节课上到这里，下课！

三、教学反思

（一）从学生的真实需求出发设计主题

首先，班会辅导课没有固定的教材，于是课题选择便成为首先要解决的问题。教师是选择自己认为重要的问题、自己想讲的课题，还是从学生的需求出发，选择学生想要解决的问题。显而易见，只有以学生的需求为中心，班会课才能真正做到有的放矢。笔者曾听过一节“谈死亡”的班会课。教师在讲台前大谈死亡的意义与价值、生命的脆弱与无常。然而，下面只是一群高一的新生，他们对于遥远抽象的死亡，并没有什么感觉。于是，这堂课基本上成了教师的“独角戏”。最让人担心的是部分学生还可能因此唤起对死亡的恐惧，产生一些负面情绪和不良影响。

其次，学生的需要有很多，哪些需要是心理班会课上要去解决的？例如，玩笑和娱乐也是学生的需要，但这显然并非心理课的重点。所以，要分清什么是学生的真实需要，什么是他们在学习和生活中真实的困境。

最后，如何才能找到学生的真实需求呢？笔者认为可以从理论与实际结合的角度来进行思考。理论，是指从各种心理学理论对各年龄阶段的特征和分析中获得指导。例如，埃里克森的社会心理发展理论分析的青少年自我同一性混乱的特征与困境。实际是指对学生的实际学习和生活进行具体化思考，包括课前调查、班主任反馈、咨询中捕捉学生需求和学生关注的热点等。

“选科有风险，抉择需谨慎”的选题就来自学生在高一上学期末所面临的重要抉择与现实困惑。经过课前对于学生和班主任的访谈，我们就发现学生的选择存在诸多的误区和困惑。这部分在课堂上我们也有谈到。这样的选题，正好符合“三实”理念中“真实”的内涵——来源于学生的真实需求与困惑。

（二）以科学的流程来保障课堂效果扎实有效

心理班会课怎么上才有效果？许多专家和学者提出了很多教学模式，如案例教学模式、体验式学习模式和团体辅导流程模式等。根据不同的课程主题，选择不同的模式，以期达到最佳的效果。在“选科有风险，抉择需谨慎”这堂课当中，我选择了心理特级教师钟志农老师所提出的：团体辅导四流程模式，即团体暖身期、团体转换期、团体工作期和团体结束期。

团体暖身阶段的工作重点是情绪接纳，引导学生集中注意力，关注课堂主题。在本节课当中，笔者首先通过“抓与逃”的游戏，引发学生的兴趣与兴奋，增进学生之间、师生之间的信任感和凝聚力。在此阶段中，教师通过幽默的调侃、肯定地点头反馈、积极的举手参与，来体现“尊重、接纳、关爱”的辅导态度。

团体转换期的工作重点是展开主题，通过创设情境、提出问题、激发成员探索成长困惑的动力，逐步催化团体动力。笔者通过调查数据，引发大家的思考与重视。学生们在观看完“过来人”用泪水发出的忠告后，必然对于进行当下的选科更加慎重，思考也更加深入。这便是学生自我认识、自我反思、自我成长的开始。

团体工作阶段的工作重点是问题探索与解决，通过更加具体的学生困惑与问题，引导学生在参与活动的过程中进一步感受、体验和思考。鼓励班级成员之间不同的观点交换，相互分享、聆听和支持。笔者借助生涯抉择平衡单，指导和启发学生思考进行选科抉择时需要考虑的因素，以及各因素对于自己的主观重要性。学生们分享各自的思考与观点，彼此启发与支持，最后形成自己的结论，再借助蝴蝶模型来预判和分析在进行选科抉择后，未来可能面对的变化与挑战。在这些假设的变化下，学生们又提出自己的应对策略。

团体结束期的工作重点是问题升华与拓展，笔者总结本次活动的收获，澄清团体经验的意义，并鼓励学生将认知、经验加以行动化，使自己的收获向课外扩展延伸。笔者通过分享芝诺的故事，启发大家重新认识困惑的价值与意义。通过途径介绍，让大家知道有哪些途径可以来思考和解决自己的困惑，最后通过对“趣”字的解析，鼓励大家多参与实践，不断自我提升与成长。

钟志农老师提出团体辅导四阶段，符合团体心理动力发展的规律，科学而有效。笔者所引入的生涯抉择平衡单和蝴蝶模型，针对性强又实用。整个辅导过程可谓“扎实”。

（三）教学语言仍需精练与朴实

课堂教学语言表达是教学艺术的一个基本且重要的组成部分。正如著名教育家夸美纽斯所说：“教师的嘴，就是一个源泉，从那里可以发出知识和溪流。”在课堂上，教师通过情趣盎然的表述、鞭辟入里的分析、恰到好处的点拨，把学生带进知识海洋，开启他们的心智，陶冶他们的情操，使他们获得精神上的满足。因此，作为一名合格的教师，其课堂教学语言不但要力求规范清晰、准确严密、生动形象，而且还应该符合学生的接受心理，以激发学生的学习欲望和兴趣，从而达到调动学生学习积极性的目的。

在整理教学实录的过程中，我发现自己的教学语言尚有待精练和打磨。例如，我在询问学生“许多科目都很厉害，很多都想学，属于双趋冲突的，请举手”时，学生反应比较冷淡，原因可能是“厉害”一词用得不妥。“厉害”一词有夸大学生的自我评价之嫌，同时也让他们担心举手之后，招来其他同学的非议。这个年龄阶段的学生更容易趋同，避免与众不同带来的同伴压力。

另外，在学生发言后点评和反馈也非常重要。在心理班会课上，教师的点评与反馈，会直接反映教师的态度。如果教师的态度是开放、接纳和肯定的，那么学生的参与积极性就会不断提升。反之，如果教师的态度是评判和否定的，那么学生的参与积极性就会下降。笔者在观看教学录像时发现，自己在学生回答时，比较关注的是学生所答是不是自己所期待的答案，却忽视了学生本人的感受与思考。而在肯定和鼓励学生回答问题方面，更是需要注意和提升。因此，今后我需要在表达的朴实与精练程度上不断提升自己的课堂教学语言。

从总体上来看，整个课堂体现出快节奏、大容量的特点，更体现了“三实”课堂的要求。课堂选题来自学生真实的选择难题，体现了“真实”。在课前通过访谈，了解学生在选科时存在的困惑与问题，然后再结合心理学和生涯规划的理论与技术进行辅导，可谓“扎实”。在课堂中，既有关于生涯规划理念的渗透，更有让学生充分参与其中、以学生为主体的交流，课堂贴近学生、深入推进，没有花架子，体现出“朴实”的风格。这节课较好地实践了我校提出的“三实”德育理念。

【点评】

这是一节有深度的生涯规划指导课，又是将理论与实践紧密结合、指导学生选科的实践课。在这节课上，学生们借助生涯抉择的理论与工具，进行有针对性的深度思考。本节课的设计环环相扣、层层递进，引导学生从现在到未来，体现了课改中为学生终身发展奠基的理念。

课堂将二高的“三实”教育理念，自始至终地贯穿其中。我们看到“真实、扎实、朴实”的德育理念赋予课堂以灵魂，提升了心理班会课的层次与境界。

描绘梦想，为梦起航

——规划我的高中生涯

陈伟华

陈伟华

陈伟华，毕业于湖南师范大学，中学一级地理教师，现为深圳市教科院地理高考研究团队成员，广东省庄惠芬名师工作室成员，深圳市刘向名班主任工作室成员。先后执教于天津市第一中学、天津市杨村第一中学、深圳市高级中学、深圳市第二高级中学，担任班主任工作多年，接触过不同类型的学生与班级，班级管理经验丰富，成绩突出，深受学生喜爱，被学生亲切地称为“知心大哥”！

一、教案设计

（一）设计背景

在中学阶段开展职业生涯规划教育，有利于提高中学生的生涯发展意识，使其储备相应的生涯发展能力，是社会的需求，也是学生自身全面发展的需要。在新高考模式下，比较理想的状态是：学生在高中对自己的兴趣有一定程度的了解，对未来要报考的学校、专业和职业规划有一个比较清晰的方向。

（二）班会目标及指导思想

（1）引导学生“认识自我”，找准自我的定位。

（2）在规划中明晰方向，收获“规划自我，赢得未来”的动力。

（3）以二高新时期“真实、朴实、扎实”的德育理念为指导。

（三）课堂设计的理论依据

1. 帕森斯的特质因素理论

特质因素论认为，每个人都具有稳定的特质（个人的人格特征），而职业也具有稳定的因素。一个人在进行职业规划的时候首先要清楚认识个人特征和职业世界。

2. 生涯发展理论

美国的舒伯（Super，D. E.）提出了职业上的“人生阶段论”。在这一论说中，舒伯对人的职业发展过程，提出了以成长、探索、确立、维持、衰退为中心的五个阶段模型。人在职业上的发展，是与其自身生涯、心理成长同步的。随着人生发展的阶段递增，人同时也经历了职业上的前进过程。

笔者自己设计的舒伯生涯彩虹图（图1）：

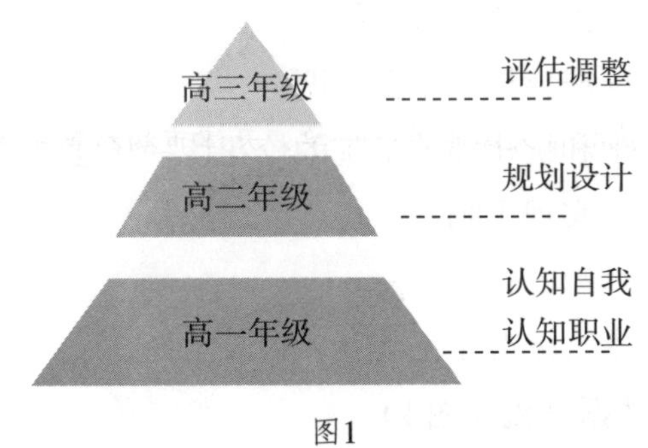

图1

3. 霍兰德代码（RIASEC）

约翰·霍兰德（John Holland）是美国约翰·霍普金斯大学心理学教授，美国著名的职业指导专家。他于1959年提出了具有广泛社会影响的职业兴趣理论。认为人的人格类型、兴趣与职业密切相关，兴趣是人们活动的巨大动力，凡是具有职业兴趣的职业，都可以提高人们的积极性，促使人们积极地、愉快地从事该职业，且职业兴趣与人格之间存在很高的相关性。霍兰德认为人格可分为现实型、研究型、艺术型、社会型、企业型和常规型六种类型。

（四）班会前准备

（1）统计学生的梦想设计数值。

（2）准备设计好简易的霍兰德代码（RIASEC）多元智能测试。

（3）联系在行业内取得成绩的家长精英参与班会课，就其所在行业、对职场的看法和员工应该具备的素质和能力做简要的阐述。

（4）联系任课教师，解析学科专业与职业生涯的关联性。

二、班会流程

（一）名人故事引入主题

万达董事长王健林先生曾说过，先树立一个小目标，挣它一个亿。相信听过这句话的同学，都会开心一笑，一个亿，对于绝大多数人而言，那就是一个遥不可及的梦想，弄不好就是一个笑话。可能大家又会在网上看到这样一句话："人需要梦想，万一实现呢？"我们来看下前阿里掌舵人马云在杭州师范学院的三个理想。

马云在杭州师范学院时的三个理想：

第一个理想：必须把专科读成本科。

第二个理想：必须成为校学生会主席。

第三个理想：必须和杭州师范学院的校花谈一场恋爱。

这三个理想，马云实现了吗？

【设计意图】

以熟悉的名人趣事，吸引学生兴趣，引入主题。

（二）问卷调查数据交流（图2）

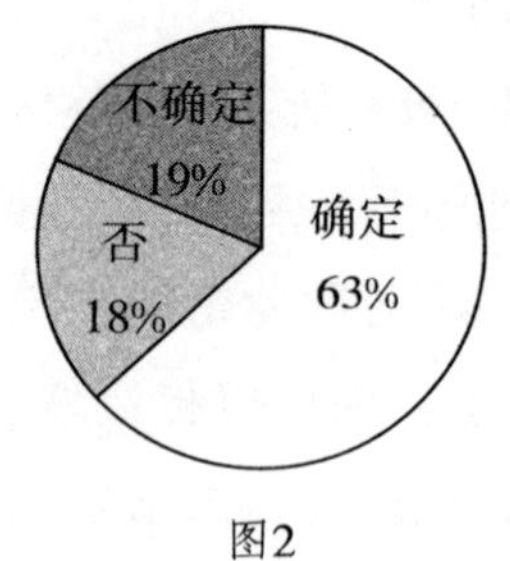

图2

【设计意图】

通过前期问卷调查，了解学生在高中阶段对自己梦想与规划持有何种态度。让学生交流分享，引导学生认识到在高中阶段应该立志践行。

（三）活动“登陆兴趣岛”

霍兰德职业兴趣岛测验：

R：自然原始的岛屿。

岛上的自然生态保持得很好，有各种野生动物。居民以手工见长，自己种植花果蔬菜、修缮房屋、打造器物、制作工具，热爱户外运动。

I：深思冥想的岛屿。

有多处天文馆、科技博物馆及图书馆。居民喜好观察学习，崇尚和追求真知，常有机会和来自各地的哲学家、科学家、心理学家等交换心得。

A：美丽浪漫的岛屿。

充满了美术馆、音乐厅、街头雕塑和街边艺人，弥漫着浓厚的艺术文化气息。居民保留了传统的舞蹈、音乐与绘画。许多文艺界的朋友都喜欢来这个地方找寻灵感。

C：现代、井然的岛屿。

岛上建筑十分现代化，是进步的都市形态，以完善的户政管理、地政管理、金融管理见长。岛民个性冷静保守，处事有条不紊，善于组织规划，细心高效。

E：显赫富庶的岛屿。

居民善于企业经营和贸易，能言善道。经济高度发展，处处是高级饭店、俱乐部、高尔夫球场。往来者多是企业家、经理人、政治家、律师等。

S：友善亲切的岛屿。

居民个性温和、友善、乐于助人，社区均自成一个密切互动的服务网络，人们重视互助合作，重视教育，关怀他人，充满人文气息。

你总共有15秒钟时间回答以下问题：

（1）如果你必须在6个岛之中的一个岛上生活一辈子，成为这个岛民的一员，你第一选择是哪一个岛？

（2）你第二选择是哪一个岛？

（3）你第三选择是哪一个岛？

选好之后，依次记下三个问题的答案并想好理由（表1）。

表1

最想去	理由
1：	
2：	
3：	

【设计意图】

通过霍兰德代码（RIASEC）兴趣测量表，让学生认知自我，初步了解自己的职业兴趣。

（四）生涯脱口秀即兴演讲

通过选择岛屿初步了解自己的职业兴趣，以自己所选的第一个岛屿为标准，同类成组，以小组为单位，选择以下任一主题举办脱口秀活动。

主题1：我的理想职业（图3）

我的理想职业

看过各种电影、电视演绎的职场精英，看过杂志上描述的职业，也看过父母从事的职业，你心目中是否已经有了理想职业的样子？

它是什么？

为什么是它？

你打算如何获得它？

你觉得可能会遇到哪些困难？

你认为你将会有什么成就？

……

图3

主题2：十年后的我（图4）

十年后的我

十年后的你多少岁了？

有什么容颜和装束？

你会在哪里做些什么？

你会和哪些人在一起？

你每天的状态是什么样的？

……

发挥你的想象力，绘声绘色地描述一番吧！

图4

【设计意图】

通过脱口秀或生涯演讲活动，让学生进一步洞察自己的人格特质和职业类型，匹配自己所喜欢和不喜欢的职业内容，逐步明确自己的目标方向。

（五）活动：征服面试官

未来职场中，各行各业中除了相应的专业知识外，还需要其他相关的品质，以及其他要求，在高中阶段，学生应该培养哪些素质呢？我们邀请了三位家长和三位教师作为面试官为学生举行一场模拟面试活动。

活动安排：

（1）邀请三位家长精英（如金融高管、新闻记者、计算机工程师）、三位教师（模仿与具学科有关联的职业）扮演面试官。

（2）每一位面试官发布一条职位招聘启事。

（3）全班分为6组，每组对应一个面试官，进行团体面试。

（4）10分钟后面试官从团体中选一名候选人进行录用，并阐述理由。

（5）教师解释学科专业与职业生涯关联性。

语文——记者、数学——精算师、英语——翻译、物理——土木工程师、地理——规划师、化学——试剂师、历史——教师、生物——基因科学家、政治——律师。

【设计意图】

由任课教师与家长职业达人分别扮演面试官并介绍各行业特征，让学生了解各行业的职业素养与能力要求，为学生在高中学习过程中，有意识地培养自己各种素养及能力做引导。

（六）结束语及作业

如何实现？我们现在应该有什么具体措施？

学生如有了短期、中期和长期目标，建议学生有目的地去比较“一年后的你”“两年后的你”和“现在的你”，找差距，定措施，落实行动。

建议学生课后，通过运用自己的霍兰德代码，登录“大学入学考试中心兴趣量表及查询系统”查找相关专业（http：//www.ceec.edu.tw/intqry/Default.aspx）。

作业1：高中生涯规划设计书。

作业2：“我的青春宣言”书签设计。

【设计意图】

让学生认识自我，规划未来，树立梦想，约束行为。

三、课堂实录

片段一：教师引入

马云在杭州师范学院时有三个理想：这三个理想，马云实现了吗?

第一个，三年后专科升为本科；第二个，马云成为学校学生会主席并且成为当年浙江省大学生学联主席。第三个，马云不仅和校花谈了恋爱，而且把校花变成了自己的爱人。

所以我们说，人需要梦想。但是梦想不是单纯的想法，还与行动相关，只有梦想，而不去努力实践，那就是空想。树立梦想，着手去实现，在最美的青春，描绘梦想，规划未来，我想那就是最绚丽的事情了。

片段二：数据讨论（图5）

你认为你的梦想和生涯规划会实现吗

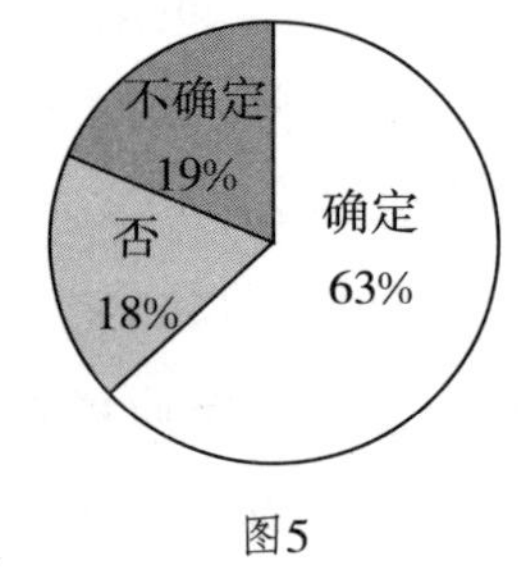

图5

问题讨论：

学生1：梦想，是心灵的灯塔，而正值青春的我们，更需要有梦想来指引方向。有梦就去追，至于能不能实现，我倒是不确定，一句话，青春没有失败，拼搏之后不留遗憾。

学生2：也许我的梦想与好多人的梦想都大致相同，就是每天在学校快乐地生活、学习，考上自己理想的学校——中国传媒大学。为了我的梦想，我已经付出了行动。相信在老师和同学们的陪伴下，我一定会实现我的梦想。

学生3：我知道我的目标是什么，我想成为一名教师，我会努力去做。有了梦想，敢于用行动去追的人，是最美的，而我就要做这样的人。

学生4：我不知道我以后能做什么，也没有很远大的梦想，现在学习就是一个任务。

师总结：正如同学们所言，高中是我们青春最美的时期，每个人都有自己的梦想，有梦就去追逐，在追梦的过程中，既要有方法，也要有策略。相信自己，梦想就会实现。让我们一起听一首歌曲《我相信》。

（背景音乐响起，杨培安《我相信》：“我相信我就是我，我相信明天，我相信青春没有地平线——”）

片段三：霍兰德职业岛讲解

师：你选择的这三个岛其实就代表了你的职业兴趣类型，同时对应着六种不同的人格类型。这就是著名的霍兰德职业六边形理论。心理学家认为：

（1）每个人都有其独特性，这种独特性表现在兴趣、能力、价值观和人格特质上。

（2）每个职业和工作也都有其独特性，这种独特性反映在工作项目、所需能力、所提供报酬等方面。

（3）个人与职业的独特性能通过评估工具得出结论。

（4）如果个人的独特性与职业的独特性相吻合，那么双方都会感到很满意。

美国职业指导专家霍兰德认为，大多数人可以归为六种人格类型：现实型、研究型、艺术型、社会型、企业型和常规型。

社会职业环境也同样有这样六种，而且人都在追求与他的人格类型相匹配的职业环境，这样才有利于施展自己的技术与才能，展现自己的态度与价值，并胜任问题的解决。

职业类型展示

R：实用型。

（1）共同特点：愿意使用工具从事操作性工作，动手能力强，做事手脚灵活，动作协调。偏好于具体任务，不善言辞，做事保守。缺乏社交能力，通常喜欢独立做事。

（2）性格特点：感觉迟钝、不讲究、谦逊的。踏实稳重、诚实可靠。

（3）职业环境：喜欢使用工具、机器，需要基本操作技能的工作。要求具备机械方面才能、体力，或从事与物件、机器、工具、运动器材、植物、动物相关的职业，如技术型职业（计算机硬件人员、摄影师、制图员、机械装配工），技能型职业（木匠、厨师、技工、修理工）。

（4）典型人物：鲁班、詹天佑。

I：研究型

（1）共同特点：思想家而非实干家，抽象思维能力强，求知欲强，善思考，不愿动手。喜欢独立的和富有创造性的工作。知识渊博，不善于领导他人。考虑问题理性，做事喜欢精确，喜欢逻辑分析和推理，不断探讨未知的领域。

（2）性格特点：坚持性强，有韧性，喜欢钻研。好奇心强，独立性强。

（3）职业环境：喜欢智力的、抽象的、分析的、独立的定向任务，要求具备智力或分析才能，并将其用于观察、估测、衡量、形成理论、最终解决问题的工作，如科学研究人员、教师、工程师、电脑编程人员、医生、系统分析员。

（4）典型人物：爱因斯坦、牛顿。

A：艺术型。

（1）共同特点：有创造力，乐于创造新颖、与众不同的成果，渴望表现自己的个性，实现自身的价值。做事理想化，追求完美，不重实际。具有一定的艺术才能和个性。善于表达，怀旧，心态较为复杂。

（2）性格特点：有创造性，非传统的，敏感，容易情绪化，较冲动，不服从指挥。

（3）职业环境：喜欢的工作要求具备艺术修养、创造力、表达能力和直觉，并将其用于语言、行为、声音、颜色和形式的审美、思索和感受，具备相应的能力。不善于事务性工作，如艺术、文学工作。但是在平常不是指从事艺术工作，而是指工作中倾向于将事情做得漂亮、有情调、锦上添花，追求完美。

（4）典型人物：齐白石、徐飞鸿、梅兰芳。

C：事务型。

（1）共同特点：尊重权威和规章制度，喜欢按计划办事，细心、有条理，习惯接受他人的指挥和领导，自己不谋求领导职务。喜欢关注实际和细节情况，通常较为谨慎和保守，缺乏创造性，不喜欢冒险和竞争，富有自我牺牲精神。

（2）性格特点：有责任心、依赖性强、高效率、稳重踏实、细致、有耐心。

（3）职业环境：喜欢注意细节、精确度、有系统有条理，具有记录、归档、据特定要求或程序组织数据和文字信息的工作，如秘书、办公室人员、记事员、会计、行政助理、图书馆管理员、出纳员、打字员、投资分析员。

（4）典型人物：李素丽。

E：企业型。

（1）共同特点：追求权力和物质财富，具有领导才能。喜欢竞争、敢冒风险、有野心、有抱负。为人务实，习惯以利益得失、权力、地位、金钱等来衡量做事的价值，做事有较强的目的性。

（2）性格特点：善辩、精力旺盛、独断、乐观、自信、好交际、机敏、有支配愿望。

（3）职业环境：喜欢要求具备经营、管理、劝服、监督和领导才能，以实现机构、政治、社会及经济目标的工作，如项目经理、销售，营销管理、政府官员、企业领导、法官、律师。

（4）典型人物：胡雪岩、马云。

S：社会型（Social）。

（1）共同特点：喜欢与人交往、不断结交新的朋友、善言谈、愿意教导别人。关心社会问题、渴望发挥自己的社会作用。比较看重社会义务和社会道德。

（2）性格特点：为人友好、热情、善解人意、乐于助人。

（3）职业环境：喜欢要求与人打交道的工作，能够不断结交新的朋友，从事提供信息、启迪、帮助、培训、开发或治疗等工作，如教育工作者（教师、教育行政人员）、社会工作者（咨询、公关人员）。

（4）典型人物：特蕾莎修女、圣雄·甘地。

四、反思

反思1. 高中学校与教师该如何去做高中生涯规划？

学生生涯规划的研究最先起源于美国，后来欧洲和一些工业化比较早的国家先后开展，亚洲的日本、韩国、我国台湾地区也都于20世纪80年代开始进行相关课程的教育，并且都收到比较好的教育效果。

生涯规划的最大特点，就是让孩子早一点认清自己将来可能去干什么，并且为了实现目标，在现阶段，做好体力、知识储备等方面的准备。

那么在高中，学校与教师要对学生进行哪些方面的指导呢？

（一）教育学生要认识自己、了解自己

自己是谁，有多大的能力，性格如何，有哪一方面的兴趣，要做到了然，多让学生思考：我能做什么？我想做什么？我应做什么？我自己拥有什么？

许多学生可能从来没有思考过类似问题，自己的一切都是长辈安排好的，如同一个棋子，如何去走，完全取决于长辈。作为新时代的高中生，再完全听命于长辈，势必在将来的人生路上遇到更多、更大的困难，不利于自己成长、成才。

能充分认识自己、了解自己就走出了自己生涯规划的第一步。

（二）教育学生要接受自己、肯定自己

许多学生由于一直受到父母或者老师的“压制”，不能正确地看待自己，认为自己样样不行，缺点多于优点。

要让学生明白五个手指长短不一样，每个人都有自己的优点和缺点，我们看到的一些成功人士，都是把自己的优点更多显现出来的人，他们做到了所谓的“扬长避短”。我们应该教会学生找到自己的优点，从而肯定自己，这是走出生涯规划的第二步。

（三）要让学生适当走出学校，认识外面的世界

现在学生接受知识，大都来自书本，而对外界的接触较少。例如，有学生讲他将来想从事某个职业，但除了知道名字外，他对这个职业的具体内容却一概不知，这如何能提高他在这一方面的兴趣呢？

学校和家庭都应该学会创造更多的机会，让孩子走出学校，去认识外面的世界。

（四）建立个人正确的世界观、人生观

高中生在成长的过程中，有许多知识有待充实。然而在其所处的社会环境中，存在许多外在诱因影响一个人的成长与发展，因此作为一名高中生，在远离诱惑，静心求知的同时，还应努力反思、总结、巩固所学。尤其应该明白哪些可以不断地去追求与充实，哪些应该予以修正或改过。

所经历事情的是非、对错或者是自己决定的正误要靠自己慢慢去衡量、分析与判断。对问题的处理，不能是盲目、冲动或情绪化。换句话说，学生可以依照个人经验与知识，建立自己的价值标准，以符合自己的要求与社会的客观标准，此即为个人的世界观。作为一名高中生，如果能够有此认识，一生应该会受益无穷，不但可以做个明辨是非、有正义感的人，同时也会是个对国家、社会有用的人。

（五）形成个人的生涯目标

在学校的指导和同伴的帮助下，家长的参与策划，学生们才能够逐渐形成择己所爱、择己所能、择世所需的生涯目标。

当然生涯目标也不是一成不变的，可以指导学生制定长期目标和中、短期目标，人生的宏观目标还有阶段性的小目标，在实际操作的过程中，可以依据实际情况，不断进行调整，达成目标的相应策略也可以随之而变化。

反思2. 生涯规划设计牵涉内容非常多，一节班会课很难全部涉及。主题班会课的选题切入点可以再小一些；本班会课设计的主题活动可以独成系列，还可以再延伸。

例如，教师解读专业这个环节，生涯教育不能游离于学生的成长环境之外，除了专设的课程、班会，还应渗透于学生的课堂、学校的生活环境中，即学生能得到来自每一位教师的指导，在课堂学习环境中受到激励与启发，在校园生活的舞台上得到实践和体验。因此通过邀请高考科目及艺体教育的骨干教师参与班会课，来激发学生的参与热情显得尤为必要，同时也能带动更多学科教师参与到生涯教育中。

又如征服面试官环节，家长的参与，使家庭及时认识到生涯规划教育的重要性、必要性，尤其是聚合了家庭和社会的各种资源和力量，把家庭、社会和学校有机地结合起来，形成积极有利的育人系统。

【专家点评】

广东省实验中学（南海校区）德育主任、广东省名班主任工作室主持人张玉石：

听陈老师的班会课，有焕然一新的感觉。理论上有高度，思想上有深度。高中主题班会，选择生涯规划主题，符合时代发展与新课改的要求，而且将很多大学的理论知识进行分解，有味道。在活动的设计上，班会课能结合社会实际，巧用家校资源，对学生进行指导，非常难得。

深圳市名班主任工作室主持人刘向：

陈伟华老师设计的“描绘梦想，规划人生”主题，通过对帕森斯的特质因素理论、舒伯的生涯发展理论认知，将高中三年分为了不同认知变化阶段，根据不同年龄阶段设计了班会的主题活动。引用了霍兰德代码（RIASEC）职业测绘表等相关因素，将霍兰德代码（RIASEC）的6种个体类型比喻成岛屿，让学生通过选择岛屿初步了解自己的职业兴趣，通过做职业访谈和生涯播报，进一步洞察自己的人格特质和职业类型，匹配自己所喜欢和不喜欢的职业内容，逐步明确自己的职业方向。活动中，学生充分发挥了主体性，积极参与，较好地回答了“我想做什么”“我能做什么”“我怎么做”等生涯问题。同时由任课教师与家长职业达人分别从各自的角度，谈学科科学知识，谈职业素养与职业能力的相关性等设计，极大地扩展了教育面。课堂设计趣味故事、才艺展示、激情表达、职业测试、同伴互助等环节，效果都不错。两道课后作业，设计高中生涯规划书和制作“我的青春宣言”书签，非常新颖。

附：

作业1

高中生涯规划

高二14班：罗敏菁

一、引言

规划的目的在于掌握现在，把握未来；生涯规划就是规划人生的远景，彩绘生命的蓝图，发挥自己的才能，写出人生的剧本。我觉得在高中时候确定目标，更有动力学习，也有助于自身的发展以及自我约束。

二、自我分析

（1）爱好。对于我自己，其实没有太大的兴趣爱好，因为以前学过几年素描，所以有空就拿笔画画。

（2）优点、缺点分析。优点的话，我对待一件事情会很认真地去完成，甚至力求完美，但是有时候可能能力不够，想要努力完成也力不从心，所以自己都会觉得很懊恼，因而心情不好。

其实我人缘比较好，跟谁都有话题聊，也不会轻易得罪谁。但是也因为有时候性格比较温吞，有什么话也不说出口，所以真正知心的朋友也没有很多。真正了解我的人可能就会知道我是一个“碎嘴子”，会讲很多话。我也希望我能改变温吞的性格，更有魄力一些，也不要怕会得罪人。

三、职业分析

（1）家庭。说到家庭，我家并不富裕，我的妈妈是一名教师，爸爸是经营小生意的商人。我的未来只能凭借我自己的本事！

我有一个很好的榜样——我姐姐。姐姐从小就成绩很好，高中进了深实验，聪明的她就算不怎么努力成绩也能保持在前列，今年她考入了中山医学院，选择当一名医生。她是这样分析的：家庭原因，不会选择从政、金融方面；最好的选择就是有一技之长，即使读医的道路很艰辛她也会坚持，未来全凭自己本事！

（2）学校。高中：其实，二高的升学率不算低，但可能有一半以上的人进不了一本院校。而作为成绩平平的我们，进重本也是很有难度的，并不是想象中那么简单。我周围的人甚至我自己都有一种进重本轻而易举的感觉，这是值得警惕的。所以我提一个小小的建议：学校不要一味地鼓励我们，至少要让我们认清自己的位置，不要飘飘然地以为自己多厉害，到头来反倒是会害了自己。

（3）专业。要确定目标大学，首先要选择自己所喜欢的专业。我希望当一名教师，这是我一直计划的未来，但是，还没有具体确定选择师范专业的哪一个。

（4）大学。如果选择师范专业，那么我的目标是华南师范大学，虽说其实有更想去的北京师范大学，但是一切目标还是要在自己可能的范围内，目标太高只会增加负担和压力。

如果不选择师范专业，作为一个深圳人，当然深圳大学对我的吸引力还是巨大的。首先，不论深圳大学学校如何，就它这种大城市氛围就是其他地区的院校比不上的。有很多在深圳大学的学长学姐，他们在大学期间就会有很多的社会经验。例如，大二就开始找一些公司实习，哪怕只能端茶倒水做杂活儿，也可以熟悉公司运作，了解社会的人际交往，这也是一种很重要的学习方式，对以后的工作更有帮助。

这两所学校是我的目标，当然，一切还需要努力！

四、实施计划

时间：高二、高三两年。

高二学习完所有科目内容，补足短腿科目（数学、英语、理综），参加班级学校活动，提高自己的综合素质。

高三全面冲刺！考入目标大学。

具体高二学年作息目标（表2）（考入年级前150争取前100）。

表2

周一至五（学校）	
时间	事情
6：15	起床
6：30—7：30	吃早餐、背书 （英语）
7：30—12：00	上课 （认真听讲、做笔记，课间完成笔记、背书）
12：00—13：00	午餐、背书 （文综、语文）
13：00—13：40	午睡
14：00—17：20	上课 （自习课合理安排写作业）
18：00—19：00	教室完成作业、背书
19：00—22：40	完成作业、复习、预习、背书！
23：00	睡觉

五、结语

梦想虽然暂时遥远，但只要执着地追求就一定可以实现。高中的学习不是人生的全部，但唯有把学习上的困难克服，才能更有把握地去面对人生。十年之后不管怎样，回想起来最美的还是这段奋斗的时光……

作业2（图6）

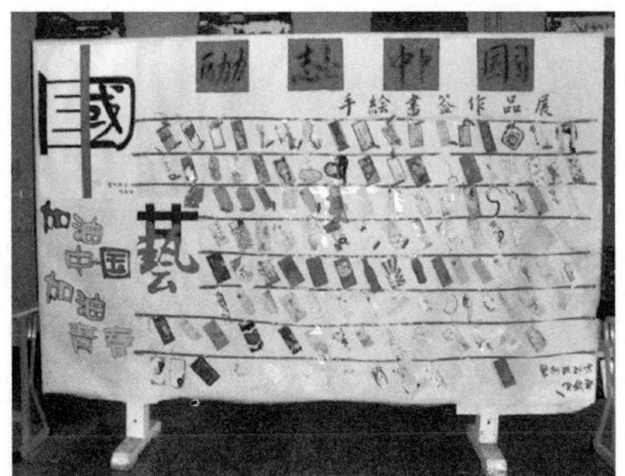

图6

记者是怎样炼成的

——职业生涯规划系列主题班会之案例分享

贾 倩

贾倩

贾倩，毕业于华中师范大学城环学院，主修人文地理专业。任高中地理教师9年，担任班主任5年。曾多次带领学生参加中国青少年科技创新大赛并获得国家二等奖，获得“优秀科技辅导员”称号，以及学校的教书育人银奖。对教育有着自己的理解，任教期间尊重教育成长规律，贯彻落实“三实”理念，积极开展家校合作活动，构建了班级的五维管理体制。在班级建设过程中，充分调动和利用教育资源，凝聚教育合力，共同推进班级的健康发展。积极探究和开展职业生涯规划专题讲座活动，本着走出去、请进来的原则，帮助学生了解自我，探寻方向，构建幸福人生，共筑和谐社会。

一、教案设计

（一）背景分析

人的一生都在不断地认识自我，明白什么是自己想要的，什么是自己能要的，什么是适合自己的。认识自我是一种能力，具备这种能力的人会比那些盲目选择的人在以后的求学、应聘、工作、婚姻以及家庭中走得更顺利，走得更远。

高二的学生是最“不好管理的”，高一的新鲜感和激情已然逝去，高三高考的压力还没有到来，高二是一个“流亡”的时期，稍不留意就会被荒废掉，学生也容易迷失自我。所以高二刚好是一个理想的帮助学生静下心来认识自我、认识职业的好时机。因此我和家委会一起开会决定，把每周的班会课改为职业发展规划课。大家集思广益，设定主题，调用身边的人脉资源，为学生的成长服务。就这样生涯规划的种子开始发芽了，我们给它起了个好听的名字——职业生涯规划主题班会。

（二）系列主题班会目标

（1）让学生学会正确地认识自己。

（2）让学生了解更多的职业信息。

（3）帮助学生尽快找到目标和动力。

（4）让学生感受到家长作为社会成员的一面，让家长陪着孩子们共同感受和面对青春期的动荡，弥补家庭中的不足或缺憾，帮助学生和家长构建和谐的亲子关系。

（5）加强家校合作，提高管理效率，提升管理的科学性。

（6）充分调动社会资源，助力学生成长。

（7）培养更多的高素质公民，完善学生的人格发展，让我们的社会更文明和谐。

（8）平稳过渡，充实高二这一段宝贵的青春岁月，使学生收获成长和幸福。

（三）系列主题班会时间排期表

提前召开家委会议，讨论并初步拟定每期的职业生涯班会主题（表1）。

表1

职业生涯班会课主题				
	主题	时间	主讲人	主讲人介绍
第一讲	职业生涯规划	2017/2/14	程良越	著名职业生涯规划专家
第二讲	时间管理	2017/2/20	贾倩	华中师范大学硕士研究生
第三讲	记者是怎么炼成的	2017/2/27	朱文策	南方都市报房产新闻部副主任

续表

职业生涯班会课主题				
	主题	时间	主讲人	主讲人介绍
第四讲	人力资源管理职业介绍	2017/3/27	张子荣	企业管理咨询总监
第五讲	会计人生	2017/4/10	颜楷文	长城证券财务部
第六讲	金融人生	2017/4/24	陆晓东	深圳前海红岸资本管理有限公司总经理
第七讲	中医之路	2017/5/2	苏喆	广州中医药大学在校学生
第八讲	广告设计	2017/11/24	刘思言	北京OMD广告公司

（四）班会流程模板

（1）提前一周做宣传海报，在班级张贴，让学生了解下周主讲内容。

（2）提前一周收集学生的问题，将问题整理汇总。

【设计意图】

让学生提前对下周的主题有一个了解和思考，先把问题提出来，带着问题来听讲座，效率更高，效果也会更好。

（3）提前一周和主讲人联系沟通，将学生问题反馈给主讲人，确定好时间和演讲流程。

【设计意图】

让主讲人能够知道学生的诉求，不做盲目的准备，这样讲解的内容更具针对性，同时也减轻了主讲人的负担。

（4）做好家委会的宣传工作，邀请家长参加。

【设计意图】

启发和培养家长的职业规划意识，对家长和学生都有深远的意义。他们也会更愿意去思考，并主动为班级邀请更多的优秀的职业发展人来班级给学生们做指导。

（5）提前1～2天准备好音像采集设备，做好音像的采集工作。

（6）准备好话筒和串词，协助主讲人顺利完成演讲。

（7）安排现场问答和会后的小范围见面会。

【设计意图】

班会讲座是解决宏观问题，小型讲座是解决微观个人问题的。这两种形式相结合，可以让讲座的目标完成得更扎实。

（8）撰写班会课总结和反思，公布到家委群，向家委汇报专题讲座的完成情况和效果。

【设计意图】

让没来的家长了解和学习班会的内容，让大家感受到班会的感染力和作用，增强大家对班级的信心和主人翁意识，进而增强班级的凝聚力。

二、具体案例分享——记者是怎样炼成的

（一）背景分析

班级学生在程良越老师的第一堂职业发展规划课之后，进行了职业性格测试，每个人都对自己的性格所适合的专业有了一些了解。

记者是文科班学生未来就业的一个很好的方向，很多学生都很感兴趣，但是对记者这个职业的入行门槛、工作性质、薪资待遇、未来前景、行业弊端都不是特别清楚，所以我们选择了这个专题。

（二）班会目标

（1）帮助学生和家长对记者这个职业做更客观和深入的了解。

（2）让学生认真思考自己是否适合记者职业，提升自我认知水平。

（3）给学生提供一个沟通渠道以更接近记者职业，为达成目标获取更多有用的信息，进而实现科学地自我规划。

（三）班会流程

（1）简单介绍并欢迎主讲老师和相关家长的到来。

【设计意图】

对主讲老师和家长表示尊重和欢迎，烘托班会气氛。

（2）主讲老师对记者工作进行详细讲解，内容主要涉及记者的主要工作内容、互联网冲击下新闻业的未来发展趋势，以及新闻工作者需要具备哪些素质、如何去选择专业、有哪些大学的新闻类专业是比较好的等。

【设计意图】

通过主讲老师的讲解，让大家对记者行业有一个初步的认识，引发学生的思考。

（3）问答环节：学生可以就自己的问题与主讲老师进行交流。

【设计意图】

答疑解惑，让大家对记者的认识更加丰满和深入，这个环节针对的是个人的问题。

（4）互留联系方式，建立微信群。

【设计意图】

一次班会解决不了所有问题，互留联系方式，方便学生和家长会后随时和专家沟通联系。

（四）课堂实录

片段一

朱文策老师：作为一个新闻工作者，做到以下几点非常重要：

① 新闻工作者的第一要务是保证所报道事件的真实性。

② 新闻工作者一定要博学多才，不要给自己设限。

③ 很多文科类专业的学生都可以去当记者，尤其是在互联网时代。

咱们班是文科班，做新闻工作是比较有优势的。

Z同学：朱老师您好，我叫Z××，听了您的讲解，我豁然开朗，您能给我们推荐几个大学吗？

朱文策老师：好的，目前国内新闻专业比较好的大学很多，如北京大学、中国传媒大学、中山大学、暨南大学等的新闻专业都很不错，其中中山大学和暨南大学离我们很近，如果想要详细了解这些学校的情况，可以登录学校官网，上面有详细介绍。也可以利用暑假或者周末时间去实地考察一下。

Z同学：谢谢朱老师。

片段二

H同学：朱老师，现在人人都有手机，人人都可以拍视频、发微博。这些是不是也算是新闻？我是不是现在就可以成为一个记者？

朱文策老师：这个同学的思维很活跃，你刚才讲的这种行为是属于自媒体，是当下比较流行的一种传播信息的形式，从这个角度来说你也是个“小记者”，但是记者要保证报道的真实性和科学性。自媒体在这方面是缺乏严谨性的。

Z同学：朱老师，记者这个工作会不会很危险？

朱文策老师：这个分工作性质，如战地记者是非常危险的，要冒着枪林弹雨，有时甚至要用生命去获取真相。做普通经济和民生报道的记者危险性较低，但不是完全没有。

Z同学：谢谢朱老师。

片段三

M同学：朱老师，我们可以去《南方都市报》做义工吗？

朱老师：欢迎啊，如果有机会可以安排大家来参观学习。

H同学：朱老师，我想做记者，如果我考不上暨南大学怎么办呢？那我还能当记者吗？

朱老师：可以的，很多大学都有新闻专业。如果没有进入一个好的大学，那么可以根据自己的兴趣去选一个自己喜欢的专业，这是最为重要的。

H同学：谢谢朱老师。

（五）班会效果反思

这次主题班会的交流是比较成功的，但是由于对记者这个职业感兴趣的人相对较少，所以小范围提问和后来的私人交流成了这次主题班会比较实际的部分。从实际效果而言，一些小门类的专业的交流活动可以考虑以小型座谈会的形式进行，这样实效性可能会更好。

三、职业生涯规划系列主题班会反思

经历了漫长的一个学期，我和家委们联合各界精英，一共进行了8场专题分享会。为了能够更具有针对性，取得更好的效果，我们没有扩大范围，只在我们一个班进行，而且基本都是利用晚自习时间。一学期下来，我有很多收获和反思。

（一）集思广益，用好资源

一个家长力量有限，但是一个班有几十个家长，每个家长身边都会有非常优秀的朋友或者同学，这些同学和朋友也有自己的关系网，这让我们有信心找到合适的主讲人。最让我惊喜的是，我们第一讲的程良越老师，他是很多世界500强企业的职业规划师，是真正的专家，这是作为教师的我所请不到的嘉宾，但是家长帮我做到了。所以，务必相信我们身边的家长群体中真的有很多能人，他们不仅是孩子的父母，也是有无限广阔的教育资源。

（二）精心设计，步步为营

主题活动的组织章法很重要，包括前期的宣传、主讲人的准备、问题的收集、会后的反思与工作报告、给家委会看的工作总结，还有接待等环节，我们都做足了准备和预设。这为8次讲座的顺利进行提供了有力的保障。

（三）用心做事，以诚相待

虽然只是小小的班会，但是我每次都会撰写报告并上传到家长群，还把大家的照片、视频资源同各位家长分享，让大家了解班会的进展情况，知道我们真的是在用心做事，为孩子们做好事。我还会亲自迎接和招待主讲人，带他们感受校园文化，他们中的很多人也是第一次给高中生做分享，很开心也很自豪，不少主讲人会后在微信朋友圈发了自己的讲课图片或者视频。家长们也支持班级的这个活动，并有很多家长主动报名要求给孩子们谈谈自己的职业。

（四）贵在坚持，持之以恒

一场班会没什么，但是8场就很不简单了。这里要感谢家长、学生和社会各界精英的支持。

（五）不断完善，顺应需求

每次主题班会结束我们都会聊一聊，找出亮点和不足。例如，我们认为，个别人关注的小行业以小型座谈会的方式开更合适；有一些自有公司的家长，可以提供一些行业体验机会，让孩子们到企业里真的当一天班，感受一下这个行业的味道；家长来做一期“忆青春”主题讲座等等。

总之，一学期下来大家收获很多。而作为班主任，我的收获是最大的，我不仅收获了经验，收获了眼界，收获了胆量，也收获了人脉，收获了职业更多的可能性。

【点评】

教育是充满细节的，细节需温情来穿针引线，这节班会设计课很好地体现了我校“三实”教育理念之下的温情细节。班主任能开动脑筋，发掘出教育契机固然显功底，在我国如今的新形势下，社会环境纷繁复杂，教育窗口期转瞬即逝，教育资源也五彩缤纷。简而言之，如果学校教育能打通家庭，串联起家校、师生关系，则可起到醍醐灌顶、点石成金的效果，可谓善莫大焉。

贾老师的班会课设计，充分重视了家长，也合理搭配了家长与学生的社会职能，让家长参与班会的设计与宣讲，让学生仰视、羡慕、崇拜家长，这个社会教育的契机和目的是正确的。长幼有序是家庭教育应尽之责，如果贾老师的班级有些学生没有落实得很好，则通过其他的家长现身说法，唤醒其与父母长辈的关系意识，也很有实践价值。

不识庐山真面目，只缘身在此山中。贾老师的这节班会课，是所有一线班主任繁重工作的解药良方。发掘各级各类教育资源，为我所用，为我用好，教育理应如此。

第三章

挥手风雨去　我心向阳生

谁的青春不迷茫

杨 成

杨成

杨成，深圳市第二高级中学历史教师，有多年班主任经验。相信教育是温情的事业，相信人生是温暖的旅程。在这个世界上，只有人心才能温暖人心。常常相信，并不怀疑。一切都是最好的安排，幸福自然不会离弃。

一个春天有千万朵玫瑰，但对于一朵玫瑰而言，却只有一个春天。对于一组师生关系来说，教师就是春天，学生就是玫瑰。

一、教案设计

（一）背景分析

高二年级期中考试即将来临，班上学生普遍缺乏斗志，一部分学生在思想上已脱离集体，一部分学生自暴自弃，甘居人后；一部分学生貌似学习很努力，实际在磨洋工，如在本应该奋斗的时间里选择放任自流，那么可想而知其后人生将会如何。迷茫，一股蔓延在学生心头的情绪，正在肆意侵蚀班级文化氛围。家长、老师忧心忡忡，鉴于此，班主任需及早表明观点，论证事实，凝聚班级，共生共荣。教师与家长、学生人人都可以做更好的自己，也能打造更好的集体，创建和谐共赢的社会关系大局。

（二）班会目标

（1）摆正姿态，认清自我，实现自我，超越自我。

（2）摆脱迷茫，提升自信，认真备考，发挥优异。

（3）促使亲子关系更和谐，能够相互体谅对方的不容易。

（4）班级关系更融洽，学生之间能够尊重彼此的不同选择。

（三）前期准备

（1）提前一周拍好学生日常生活照片，搜集学生喜欢的名人事迹，甚至借鉴娱乐圈人物。可发朋友圈预热，让学生初步知晓。

（2）整理所有学生历次考试的状况。

（3）召集家长录制鼓励短视频，征集学生小时候成功克服困难、实现自我的小事情。

（四）班会流程

（1）展示学生日常学习生活和集体生活的照片视频，如早晨赖床不起，不吃饭或者匆匆吃早餐，早读铃响后出来打水，喝完水慢悠悠拿出书，读着读着就发呆甚至打瞌睡等等。

提出问题：这是你们想要的生活吗？

【设计意图】

日常生活行为是一个人修养的集中体现，如果在青少年时期不加以注意，成年以后会给集体、社会造成很大的负担。所以，班主任平时多观察，做有心人，用事实来作为教育引导的材料，教育的效果才能更好呈现。这一设计是我班班会课的常态。我相信，只有常常下班级看，才会有这些真正的体会。

（2）谁的青春不迷茫？展示名人的奋斗事迹。

【设计意图】

当今社会瞬息万变，然而基本的做人做事却有一些普遍真理，学生普遍比较迷信娱乐圈明星，精心挑选的照片和提炼的结语，对于课堂主题的升华非常关键。在高二下学期的期中考试前，及时表明态度，消除迷茫，可以说是把一把猛烈的火和一块最优的钢，用在刀刃上。学生普遍只触动于简单的成功学，却不知道人前风光需要人后努力的人生滋味。

（3）下发所有学生的个人成绩记录表，让其在自我的历史变化中认真反思，调整策略，进而确定期中考试目标。

【设计意图】

只用耳朵听，难以取得更大的效果，要激发自信，实现自我超越，更需要白纸黑字留下档案，为下一次教育契机的出现积累素材。高中教育实质是三年一盘棋，一次次班会就是这棋局中的点睛之笔。

（4）读几则学生小时候的小故事，并揭晓答案。

播放家长录制的学生成长视频，烘托、升华班会主题。

【设计意图】

家庭是学校教育的纽带，亲子关系在高中寄宿制学校面临很大的挑战，要化解这种紧张的亲子关系压力，每周一节激励教育，必不可少。当今社会转型剧烈，家长也有较大的生活压力，而且会不自觉地传递给孩子。在一些家长眼中，孩子或许不如小时候那样可爱，而在学生看来，父母的观念已经很陈旧老套。为了弥补这段小裂缝和矛盾，还是血浓于水这句颠扑不破的真理。一张张精心保存的照片，拉近了父母与孩子的心理距离。

二、课堂实录

片段一

师：同学们，今天是2018年4月5日，历史上的今天并没有什么大事件。（学生哄笑）而对于我们班级而言，今天是一个重要的日子，因为我们要开这个重要的班会。

生：老师，有啥重要事情宣布吗，这么隆重？

师：我给大家看看我整理的一些照片和视频。

学生聚精会神地观看。

师：看完后有什么感觉？

生：老师这些……

师：你们喜欢或者说同意这一句话吗？没有一朵玫瑰会害怕凋谢而拒绝开放，没有一条小溪会畏惧大海的遥远而放弃流淌。

生：我们同意啊。

师：那你们看看照片中的行为举止，像是一个正在奋斗中的青年该做的事吗？

（像呀，有点像呀，不像呀，各种回答。）

师：很好很好，反映了我们班很民主。但是，我们学过古雅典为什么会衰亡——过于泛滥的直接民主，伤害了集体的利益。我们看看下面这些照片中的人物，你们喜欢的人。

人物一：农村孩子，没有门路，但经过自己不懈的努力和拼搏，主演电视剧口碑第一，话题第一，她说："有人在背后经常说：'你不行。'可对她来说，成功就是靠自己努力。"

人物二：他唱歌比赛遭淘汰，一众评委觉得其不行，蜗居在只有床和钢琴的陋室，写歌写到鼻血直流。如今说起流行歌曲，谈到青春回忆，我们都会想起他的名字。

人物三：背弃养育者的身份，中途辍学身无分文，但是有着改变世界的信念，一个旧车库就是起点。他们说："你不行。"现在，以一人之力，推动世界前进30年。

人物四：风靡亚洲的霹雳虎，四白金唱片歌手，十大最受欢迎亚洲偶像。背负父母巨额债务，12年拼命努力偿还，最终花开并蒂，事业爱情双丰收。

人物五：做助理三年半，端茶倒水，背吉他扫厕所，只是为了距离自己的梦想，近一点，再近一点。面对挫折的时候，没有退缩，出道15年获得173个大奖，时间可以证明一切。

人物六：7年驻唱，8年舞蹈教练，5年配音，寂寂无名。拿到金马奖，整整花了20年。如果这世上只看脸的话，相信你一定听过说你不行的人。

生：哇……是这样的事迹吗？

师：所以，世界上最大的谎言是什么？

生：你不行。（哄堂大笑）

师：尴尬，你们这让我怎么接？你们行你们上啊。我再说一句话，看你们同意不同意啊，一个春天有千万朵玫瑰，但是对于一朵玫瑰而言，却只有一个春天。

学生陷入无尽的沉默。

师：好吧，答案我就不追问了。我整理了每个同学自高二以来的成绩单，一人一张，发下去自己看看。要求写出成绩反思，离这次期中考试还有一周，在背面写出目标。

学生看成绩，写反思，写目标，然后交给班主任。

片段二

师：我简单看一看，要实现这些目标有难度，需要毅力、恒心、态度、方法甚至运气。下面我读几则小故事，是你们小时候的故事，看看自己能不能知道说的就是你。答案揭晓之前能知道是你的话，有奖品，说明你的父母没有虚构故事。

（学生静心听故事，很多学生猜出了自己小时候发生的事情，非常兴奋和自豪。）

师：好吧，我们公布一下答案，以上四则故事的主人公分别是张同学、李同学、鄢同学、费同学。大家鼓掌鼓励一下。

最后的最后，观看神秘嘉宾的视频来振奋士气。

视频播放大约15分钟。

师：摆正姿态，认清自我，实现自我，超越自我。跟着老师喊出来。

生：摆正姿态，认清自我，实现自我，超越自我。

师：再来一次，最响亮的声音，预备，走。

生：摆正姿态，认清自我，实现自我，超越自我。

师：我宣布高二（15）班本节班会课圆满结束。

三、班会反思

班会的温情与做人的敬意。

寄宿制高中的每一次班会都是学生形成三观、淬炼性格的好帮手，如果放弃这块阵地，或者敷衍应付，班主任工作将举步维艰，所以在我校“三实”教育理念的引领下，尽量让学生明白高中学习的竞争性与残酷性。同时，班会在形式上又具有教育者捧着一颗心来的温情，可以让学生体验到温暖并回馈社会、学校。班会课的开展，对师生、亲子关系也是一种良好的助推作用。

（一）课前准备

（1）学生的照片有些模糊，视频也有些卡，没有达到让学生受到触动的效果，反而让学生觉得这是一段正常的记录照片。所以教师和学生的角度不一样，有时候认识事物的观点也是不一样的。

（2）明星的照片来自网络，我事先发了朋友圈，有一部分学生先看了，所以他们能代入班会，收到了很好的效果。网络的力量是巨大的，对朋友圈的合理利用很有必要。

（3）成绩记录的发放很有必要，这才是这节班会课需要收到的反馈，不然容易空泛、无实在意义。

（4）家长的小故事和小视频很生动，但有一些家长没有提供真实的案例故事，导致课堂中没人承认这个故事的主角是自己，影响了生成的效果。这都是在一周前准备班会时埋下的隐患，细节处看成败，班主任工作细碎，不时小结，每天回顾，才能收到功效。

（二）课堂交流

（1）组织一堂学生喜欢的班会课并不容易，师生之间的交流必不可少，我讲到两句话让他们回答同意或不同意时，就有学生明确且很严肃地说不同意。如果不同意，班会就没法展开了。在交流过程中，不能班主任一言堂，要始终牵住课堂的主题这条“牛鼻绳”。

（2）一部分学生很想与班主任互动，天性是活泼的，却说不出自己的真实想法；一部分学生想着学习，并不愿在班会课上抛头露面，总是让人感觉他心不在焉；还有一部分学生平时不在意集体活动，开班会课也是抱着一副娱乐的姿态。要将这三大类学生揉成一团，拧成一股绳，班主任必须有艺术性的讲故事能力。

（3）坊间议论：历史老师就是应该会讲故事，一个历史老师，不会讲故事或者讲故事学生不爱听，那就要改行。话很在理，交流时，语言很重要，肢体面部神态，就是所谓的教态也很重要。我常对学生讲：面带微笑，越来越妙，嘴角向上，蒸蒸日上。

（三）突发事件反馈

（1）在学生看明星图片故事的环节，我问世界上最大的谎言是什么，学生统一对着我喊：你不行。这让人很尴尬，班会的主题是让学生认清自我、实现自我。幸而我用了一句：你们行，你们上，这才成功地化解了尴尬。

（2）尴尬的产生都是因为应变不足，实质上是对于教育的机械性太强调，追求环节生成而忽略了应该让学生慢下来沉淀自己。

以上反思，是在我校真实、扎实、朴实的“三实”德育理念的指导下生成的，希望各位专家不吝赐教。

【点评】

迷茫，是青春的保护色，正是在青春期中迷茫，才会有了青春的冲动与勇气。不经一番寒彻骨，哪得梅花扑鼻香？高中生涯正是青春序曲，待到高考结束进入理想的大学，回首向阳处，花木已逢春。杨老师的班会课能够因势利导、因事而为、因时而动，把握住了高中生的心理特点，找准了青春期学生爱追星的特点，用真实的方式呈现明星们虽然星光熠熠，然而没有一番清冷磨砺，哪能最终一览众山小。

人生短短几个春秋，能在高中生涯遇到一个好的班主任，学会管理好学习时间，处理好学习与生活、学习与人际关系、学习理想实现的关系，是极其难得的。陶行知先生的话言犹在耳：“千教万教教人求真，千学万学学做真人。”人生，不必在意目的地，要在意的，是沿途的风景。老师、同学们，我们一起，在路上。

你是我的小天使

——新班级破冰主题班会设计

谢 瑜

谢瑜

谢瑜，物理教师，从教13年，担任班主任7年，曾获广东省实验竞赛二等奖，深圳市青年教师基本功大赛一等奖，深圳市高考物理先进个人，校教书育人金奖、教书育人银奖、优秀班主任等多项荣誉，并参加深圳市教育局直属学校班主任高端研修班第二期的进修学习。所带班级凝聚力强，成绩优异，班集体多次被学校评为精神文明班级、标兵班级、优秀班级、五四红旗团支部。

一、班会设计

（一）背景分析

高二分班组建新班级一个多月之后，班级成员仅止于认识，并不熟悉，由于带着原来各自班级的习惯和记忆，对新同学还处于观望和磨合中，没有融入和认可，班级没有温暖和认同，缺乏凝聚力和集体荣誉感。班级急需做一次破冰行动，熟悉和温暖彼此。

（二）班会目标

（1）完成事先设计好的“小天使”活动最后一项，揭露谜底，让学生们感受到周围有人关心自己。

（2）认识除本宿舍和本组以外的其他人，熟悉同学，学会真诚地夸奖和认可他人。

（3）增强班级凝聚力和增强集体荣誉感。

（三）前期准备

（1）“你是我的小天使”前期活动，抽签、记录、拍照。

（2）男女主持人各一名。

（3）班级学生分小组，尽量避免同宿舍或位置临近的人同组。

（4）班会PPT。

（5）班级桌子拉开，留出中间大块空地。

（6）准备一块板报和若干便签纸，便于学生写留言感悟。

（四）班会流程

（1）“你是我的小天使”活动前置部分。

班级每个学生提前一周在便签纸上写下自己的姓名和愿望，其他学生随机抽取一张愿望单。抽到的学生即为许愿学生的“小天使”，在之后的一周时间匿名帮同学实现愿望。抽签时班委负责记录下“小天使”名单，并拍照记录下部分同学发现惊喜、实现愿望的瞬间表情。

【设计意图】

提前预热班级，让学生们感受到来自周围同学的关爱，放下对陌生同学的戒备，并对自己的“小天使”充满好奇和期待。

（2）让我夸夸你。

主持人开场后，全班学生分成5个小组，5组学生提前分好，尽量避免同宿舍或位置临近的人同组，每一组安排一名较开朗的学生活跃气氛。每个小组围成一个圈，学生轮流站到中间去，让周围的同学轮流夸奖，一定要喊出对方的名字并说夸奖的话，长短随意，但都是对别人的认可和欣赏。

【设计意图】

每个人都喜欢被别人夸奖，哪怕普通的一句“你今天很帅或漂亮”都能让人如沐春风。一个受到外界环境认同和肯定的人也愿意放下自己的戒备，看到别人的优点，转而欣赏别人。一个班级以学生对彼此的欣赏和认可做开端，就不用等小矛盾频发、相互抱怨和挑刺再来解决矛盾，从而从一开始就引领好班级的舆论氛围，为形成优秀班集体奠定良好的基础。对于组建不久的新班级，学生们之间还差一个直率的释放善意的机会和环境，此次活动就是为大家提供认识对方、释放善意、学会欣赏他人的机会。

（3）“小天使”揭秘。

主持人在PPT上展示一些精彩瞬间，如送了小礼物，收到了祝福的话语，然后揭秘自己的“小天使”。收到礼物的学生要感谢自己的“小天使”。

揭秘完“小天使”后，主持人也随机请一些“同学”谈一下自己的感想或者是对班级的感想，大家可以畅所欲言。

【设计意图】

随着温暖的“小天使”一个一个被揭秘出来，学生们之前或许有预感，有猜测，答案终于揭晓，和自己暗中观察猜想的人是否一致？以前以为很高冷的人瞬间也热络亲切起来，那些特别温暖的“天使”也被班级同学记住。学生们在“夸夸你”和“小天使”揭秘后谈感悟，相信会有很多正面的激励人心的话说出来。

（4）班主任发言。

班主任点评班级学生在活动中的表现，对大家表示肯定，对新班级表示期待。

【设计意图】

对活动做评价，对班级和学生表示肯定，升华主题。

（5）板报留言。

每人发一张便签纸，在纸上写下自己的感想或希望，然后统一收齐，贴到后面板报预留的位置。

【设计意图】

以板报的形式呈现本堂班会的成果，并营造班级温暖的氛围，从而进一步增强班级的凝聚力。

二、班会实录

片段一

主持人（男女）：同学们，大家好。我们是今天班会的主持人！（众生鼓掌）

主持人（女）：同学们，大家好，不知不觉，新班级已经成立了一个多月。一个多月的时间说长不长，说短也不短，长到我们可以熟悉同宿舍和同桌的同学，却短到好些没有交集的同学甚至还没有说上一句话。

主持人（男）：是的，坐在同一个教室，其实平时总有观察到或者听别人说起，我们身边的同学都很优秀。大家想不想有机会和我们的同学们交流一下，夸奖一下我们的好同学呢？

学生们：想。

主持人（女）：好的，那我们接下来就给大家一个交流的机会。请注意，我们今天的交流，只说夸奖的话。之前我们大致分好的小组，各个小组围在一起，先请一个同学站在中间，然后周围的同学请轮流送上你们对他的花式夸奖，一定要叫出他的姓名哦。例如，“某某某，你打球很帅！”再换下一个同学，以此类推，直到每个同学都被夸完为止。

下面学生们开始笑着窃窃私语，很期待夸别人，也在期待别人如何夸自己。

主持人（男）：现在请同学们起立，以小组为单位围成一圈，开始你们的花式夸奖吧！

（学生们纷纷起立，按分组围成一圈。被夸奖的学生站在中间的凳子上，其余学生手拉手围着他，转圈轮流发言。每个人发言后和被夸奖的人拥抱。）

“虽然我们一个月都没有说过一句话，但是我对你非常有好感，希望我们能进一步深入了解。”

“我不认识你的时候当着你的面说过你的名字像女生，但你没有介意，我觉得你很大方。”

“作为你的舍友，虽然你在宿舍里很搞笑，但是你在管理班级的时候其实很严肃认真。”

“高一的时候我们也是同班同学，虽然不是很了解，但是很开心又和你分到一个班。”

……

片段二

主持人（女）：大家夸完了吗？好，请大家回到座位。刚才的环节大家都夸得特别用心，我看到好多同学脸上都洋溢着开心的笑容。

主持人（男）：是的，俗语说世界是一面镜子，你笑他就笑。当我们用欣赏的眼光看待周围人的时候，我们自己也收获了认同和赞美。

主持人（女）：是的，我们班的同学真的每个人都特别可爱和优秀呢！

主持人（男）：和天使一样！

主持人（女）：是的呢！大家想不想知道偷偷帮自己实现愿望的“小天使”都是谁？

学生们：想！

主持人展示一系列照片：

有贴心的送的各种零食、奶茶。

有帮忙买到限量版抱枕。

这道题是这么写的（附解题过程）。

有留下很暖心的话语：“知道你最近考得不好，下次继续努力。”

“我去了解了你喜欢的东西，虽然有些看不懂，但希望下次和你聊天的时候可以让你大吃一惊。”

主持人把每张图片对应的“小天使”一一投影出姓名。

学生一会儿安静，一会儿激动，大家沉浸在这空气中都流动着温馨的氛围中。

片段三

主持人（女）：恭喜大家都找到了自己的“小天使”，有的同学已经迫不及待地和自己的“天使”坐在一起热聊了。

主持人（男）：今天真的是好感动，不知道大家有没有什么感想愿意和大家分享呢？

（本来以为会冷场，结果却出人意料，学生们似乎打开了话匣子，纷纷举手。）

周西子：短短一个月，我却收获颇丰。谈心的好友、贴心的室友、好心的同学，专心的自己，都是这个我付出真心的班级带给我的。

文俊杰：从进入这个班开始，我就深深喜欢上了这个班，虽然大家并不熟悉，但我可以看出大家眼里流露出的和善，我真正感受到了温暖。现在大家都是互不相识的，让我们从头开始，重新认识，不管之前是什么样的，希望接下来的两年时间内我们可以成为好朋友，一起进步，超越隔壁班！

孙嘉骏：最近一段时间课代表们都很辛苦，收发作业，查人统计都不是简单的工作，希望大家多配合他们的工作，也希望大家认真写作业，老师们看到大家认真写的作业也会开心不少，上课也更有信心。同时我也想表达对衰睿同学的感谢，无论是作为同学还是值日班长，他都是认真负责的，大家也都可以看到他在讲台上的严肃负责，这是他希望我们班更好，希望我们有进步，希望大家都能理解他，也相信我们一定可以更好。

……

片段四

主持人（女）：其实，我们班级真的是非常有爱的一个集体。有同学们之间的关爱，有老师和家长的关爱，下面请我们的班主任对大家说两句话。（众生鼓掌）

班主任：同学们，今天看到大家的班会活动，真的非常感动。虽然“小天使”活动是提前安排的，你们也知道是面对自己班级的同学，但是我看到每个人都很真诚地去帮对方完成了心愿，虽然可能只是一句简单的鼓励，或者一杯小小的奶茶……这说明，我们每个人都很珍惜这份同学缘分，也看重和在乎周围的每一个人。在乎集体中的每一个人，就是在乎这个集体。我非常欣喜地看到你们对同学和集体的认可，还有对所有班委的理解和支持，这是我们班级凝聚力的初步表现，我相信，因为有爱，所以在乎，我们的集体一定会在我们的努力下越变越好！

主持人（男）：是的，在我们的共同努力下，我们的班集体一定会越来越好。今天的班会真是感动万分，又有很多的期待，真希望这样的感动能一直持续下去。

主持人（女）：可以的，我们把我们的感悟都写在纸上，贴在板报上，这样我们每次经过都能看见，都能记得。

主持人（男）：是的，同学们，现在请拿出你们手中的便签纸，写下自己的感悟和期待，然后我们把它贴到后面，以便经常回味。

（学生们纷纷开始书写：有写对某个同学的感谢的，有写对自己在新班级的期待的，也有写对班级的感悟和期待的，都非常真诚，充满了正能量。）

三、班会反思

新班级的破冰总是需要很长一段时间的预热和铺垫，而破冰最好的方式就是最大限度地释放你的善意。一个集体如何形成凝聚力和荣誉感？成员之间对彼此的认可和关爱是集体凝聚的基石。这节班会课用了花式夸奖的方式预热，让学生们心情振奋，彼此之间多了熟悉和认可，又揭秘了“小天使”，还展示了好几个特别温情的瞬间，让学生们领悟到了付出和关爱不仅能让别人快乐，还能让自己快乐，赠人玫瑰手有余香，为班级今后的和谐班风打下了良好的基础。

这次班会，第一目的就是希望学生能彼此认识，班会结束后，老师发作业本，以前发作业本找学生半天找不到，这次有许多学生主动帮忙，而且快速发完了作业，学生们都感叹好快，说明这个目标完成得非常好。

最感动的是学生发言阶段，许多学生分享了自己的真心话，觉得自己没有那么优秀，不应该得到这么多的肯定，正是这样的肯定，让自己重新燃起了斗志，希望和新班级一起成就自己。看来学生们表面自信，其实内心深处都有些自卑。在以后的工作中，要更注意对这些学生多些鼓励和关爱。没有一个学生想做差生，我们应该最大限度地激发学生们的热情和斗志，给予他们信任和鼓励。

【点评】

“你是我的小天使”，本节班会的主题充满了浓浓的爱意，课堂中设计的学生活动也贴近学生，温暖人心。“让我夸夸你”，引导学生发现彼此的优点，懂得以善意看待身边的人，发现他们的优点，肯定他人；“你是我的小天使”，引导学生对身边的人和事充满关爱和向往，在与自己日夜共同战斗的同学中有一个自己可靠的“守护者”，这是多么让人憧憬的事，又是多么具有情谊的事！班会最后以“小纸条”的形式，让学生将班会中的所感所悟写下来，并在班级板报中呈现，将温暖延续，有利于班级氛围的营造，提升班级的凝聚力。

在班级建设过程中，如何营造班级氛围，增强学生之间的情感，从而促进班级健康发展是每一个班主任应该思考的问题。如果我们都能从学生的心理需求出发，引导学生关注彼此，爱护彼此，相信每一个学生在集体中都能获得更好的发展，而对于他们在学业和思想上的引导也会更加有效。

诠释尊重，点亮人生

刘 向

刘向

刘向，男，东北师范大学教育硕士，深圳市第二高级中学物理高级教师。1993年参加工作，1996年以来一直担任班主任，善于做学生的德育工作。教育教学成绩突出，先后被评为黑龙江省省级优秀班主任，深圳市市级优秀班主任，深圳市首届、第二届名班主任工作室主持人。深圳市第二高级中学首届“我最喜爱的班主任”，广东省南粤优秀教师等荣誉称号。

一、案例设计

（一）背景分析

“以尊重的教育培养受尊重的人”是学校的教育理念，分为：尊重自我、尊重他人、尊重自然、尊重社会四个维度。

尊重自我从敬畏生命、悦纳自我开始；尊重他人从尊重制度、学会包容开始；尊重自然从养成习惯、保护环境开始；尊重社会从开拓创新、奋发有为开始。尊重的理念非常契合学生的成长需求。那么高中学生是如何理解这一理念的呢？他们的内心如何诠释这一理念呢？他们如何在自己的学习生活中践行尊重的教育理念呢？

学生入校后都会从不同的角度以多样的学习方式学习这一理念的内涵，

这也是学生德育教育的重要组成部分。

高二年级开始的这节班会课显得尤为重要，它既是学生在成长过程中对尊重的一个再理解过程，也是检验德育工作成效的一次小考。

（二）班会目标

（1）学生深入理解学校尊重的教育理念。

（2）学生从自身的角度理解尊重的含义。

（3）激发学生爱班集体、爱学校的热情，进而培养学生感恩父母，感恩教师，感恩母校的真挚情感。

（4）使学生真正树立远大的人生目标，成为一个尊重他人，也受别人尊重的人。

（三）前期准备

为了让学生畅所欲言，在开学第一天就预留本节班会课的相关作业。学生开放地思考班会课的主题“尊重的理解”，学生可以以小组为单位，从不同角度谈自己的理解，也可以用小纸条的形式呈现。

（四）班会流程

1. 游戏破冰——心有千千结

设计一个心有千千结小游戏。

游戏规则：全班48人分成4个小组，站成4排。每排学生手拉手形成一个闭合的大圆，要求每名学生都要记住自己的左手和右手拉着的同学。当音乐响起时，大家松开手随着音乐翩翩起舞，打乱刚刚的站位排序。当音乐停止时，要求每组成员聚拢在一起，找到自己的左手和右手拉着的同学并按照刚才的要求手牵着手，然后想办法恢复到最初站位。用时最短而且位置完全正确的小组获得胜利。

游戏结束后，各个小组谈自己对游戏的感想。

【设计意图】

（1）破冰作用，以往的班会比较沉闷，这个游戏的最大特点就是学生的参与面广，每个学生都要参加游戏，而且都会努力完成游戏，有一个学生消极都不能成功。为了成功完成游戏，大家就要很好地交流合作。

（2）游戏很有教育意义，一个团队要想完成一件事情，需要有以下几个关键词：团结、合作、交流、分享、领导、指挥、尊重。

2. 寻根问底——尊重知多少

问题一：谁能说出我校的教育理念？

问题二：谁能告诉我，学校的哪些地方或者场所有关于学校的尊重的教育理念的标志？

问题三：你们知道学校的尊重的教育理念的内涵吗？

问题四：在你的学习生活中，你是如何理解“尊重”的含义的？

问题五：通过大家关于尊重的理解的分享，你能理解学校的教育理念的真正目的吗？

【设计意图】

以集中的问答形式引导学生思考学校的理念，使学生在思考、交流的过程中理解学校的教育理念，从而为理解和遵守校规校纪打下坚实基础，为尊重老师、感恩学校，做好情感的铺垫。

3. 砥思塑识——尊重的含义

教师对学生的回答做剖析引导，并进一步从各个维度阐述尊重的真正含义。

（1）从四个维度出发，阐释尊重理念的含义

（2）从教育的意义出发，阐述尊重理念的含义。

【设计意图】

从管理者和教育的角度，高屋建瓴地做出诠释，引导学生的认识从感性层面上升到理性层面，从认识“尊重”，到了解“尊重”，最后践行“尊重”，成为一个“受尊重的人”。

4. 约己践行——做一个懂得尊重的人

学生从身边找一个“小天使”，负责关注自我的言行，为践行尊重保驾护航。

【设计意图】

行是知之始，知是行之成。学生在课堂中对尊重理念的理解将达到较高的程度，但要真正落实到自己的行动上还有一个过程。如果在他们身边有一位“小天使”存在，那么既可以有效地增进同学之间的关系，也有利于自己行为的改善，将尊重沉淀成行为的准则。

二、课堂实录

片段一

师：上课，同学们好，今天我们上一节班会课，这节课的主题对我们来说非常有意义。那就是你是如何理解“尊重”这个词语的，我给它起个名字，就叫“诠释尊重，点亮人生”。

下面，我们一起做个游戏——心有千千结。

（游戏有序进行，学生参与度很高，场面热烈。）

师：刚才的游戏，我看到了有的小组成功了，有的小组没有成功。这是为什么呢？请大家来谈一谈自己的看法。

生1：游戏成功需要每位同学的配合，没有配合就没有成功。

生2：还需要有个强有力的领导，大家都要听从他的指挥。

生3：小组内不能乱，更应该有智慧，有指挥者。

生4：组内同学要互相尊重、理解和包容，因为在那种比较着急的情况下，同学之间很容易发生摩擦，最终不能完成任务

生5：这是个团队任务，每个人都要认真对待，如有的同学的手是拧着的，但还是咬牙坚持到了最后，为了集体的目标甘愿吃苦，甘愿奉献。

师：同学们说得太好了，大家看待事情有自己的想法，而且能够总结出最关键的经验分享给大家，我想你们所说的都是标准答案，如果按照你们说的去做，就能成功，所以成功并不神秘，只要我们敢于实践，做好自己该做的就能成功。我把你们的总结记录在白板上，这就是我们的收获。

片段二

师：在你的学习生活中，你是如何理解“尊重”的含义的？

生1：尊重就是心有敬意，从内心发起的尊敬。在当今社会中，想要得到他人的尊重，首先要学会尊重他人。从校园生活来说，尊重体现在言语上。对老师的一声问候、同学困难时的及时援手都是尊重的体现。尊重的第二层境界，是对待老师和同学们的不足的宽容和理解。尊重的更高层次就是能够被他人尊重，当别人不自觉地对你尊重，这既体现了他人的高素质，也体现了他人对你人品的认可。

师：讲得好！

生2：对于尊重的理解，我并无多少概念，只是听闻父母师长说起过，对

师长尊重，但若要我说出具体的概念，怕是无话可说，只是感受气氛，做出觉得合宜的行为。“尊重”似乎只是泛泛而谈的一种词语。

我校的校训“以尊重的教育培养受尊重的人”，当我首次听到，觉得是一句写得不错的话，但也仅限于此。校门口那块进门可见的“尊重”大字，也只能偶尔停驻短暂的目光。又有何人会去真正思考这里隐藏的真正含义？大家都在学习与玩耍中忙得不可开交，学习能让自己有光明的未来，玩耍让自己在学习之余得以调整，谁会思考尊重呢？

政治题里的尊重权利，语文的尊重自然、尊重他人。尊重的范围似乎相当广泛，不仅是对人，以至于“尊重是什么”，让我毫无头绪。

我理解，尊重是对能力差距上敬佩，在做事上会听长者之意作为办事的一种重要参考。

尊重同辈，这里的尊重已不一样了，是平等，是不干涉。这种尊重是相互的，是双方同时给予而无先后之分，而这种尊重，才让人们健康发展，让社会平稳运行。

21世纪，有了并重视“尊重自然”的概念，而尊重之意并未改变，尊重它的发展，尊重它的发展规律，在允许的范围内取舍。而尊重是相互的，自然会尊重人类的发展，在相互尊重之中，人与自然便可和谐发展。

生3：我认为“尊重”是一个范围很广的名词，它内涵丰富，表现在生活中的方方面面，而最重要的是对规则的尊重。

作为一个法治国家，中国法律，上到宪法，下到校规、班规甚至是宿舍规则已经基本完善，最新推出的《中华人民共和国民法典》更是将法律贴近生活，贯彻中国人民生活的方方面面，生而为人，生而为中国人，尊重法律便成为我们的重要义务。

然而在现在的学校、班级中，蔑视甚至是践踏校规、班规的行为屡禁不止，这是对学校尊重理念的最大破坏。

生4：“以尊重的教育培养受尊重的人”，何为尊重？或许尊重的定义会有一些模糊，有些人出于好意，也许也会冒犯他人。因此，我所认为的尊重即在大社会中的我们能够彼此协调，彼此合作。每个人都尊重彼此，那么社会也会走向和谐。

生5：首先尊重是一种态度，是对待人的一种态度，尊重使人与人间多了一份宽容，多一分理解。

尊重更是一种品德，尊敬师长是对“传道授业解惑者”的感恩，是对教师这个职业的支持与向往。尊重父母是对养育之恩的感谢，尊重身边的每一个人，就是对自己的尊重。我们应当学会尊重，尊重是对我们价值的认可，是自信的来源。

生6：我觉得尊重应该是相互的，一个人尊重了别人才有资格受到别人尊重，老师和学生也一样，学生与老师之间应该相互尊重、相互鼓励、相互包容、和谐相处。只有老师和学生之间相互体谅、相互理解，班级才会更团结，更有凝聚力。

生7：我对尊重的理解，第一，将心比心，不要一味地让别人去包容你，而自己却什么都不顾，肆无忌惮，为所欲为，只顾自己的感受。第二，注意言辞，对别人说的话要仔细想想，应不应该说出口，不适合的你就憋着，不说不会怎么样。但是，如果你说了不该说的话，就不要怪别人对你不好。第三，自己事情请自己解决，在学校，学生之间的事情自己解决，不要麻烦老师和家长。第四，尊重隐私，不要随意动别人东西，尽管是些小物件，即便是父母和老师也要尊重学生的隐私。

生8：我对尊重的理解是先尊重他人才能获得他人的尊重。而尊重他人并不意味着无底线地包容，在自己底线内的事才可以被包容。没有下限的包容对自己、对他人都不好。尊重他人的个性、习惯，尊重他人的人格，不让别人难受，除此以外要尊重自然界的万物，万物有灵，心怀敬畏，尊重自然规律。

生9：鲁迅先生曾说“小时候不把他人当人，长大后他也做不了人”。

首先，尊师重道，尊老爱幼，是为人的基本准则。其次，对每一个人给予最基本的尊重，也是为人的道德准绳。

生10：“尊重”二字始终贯穿在中华民族上下五千年的历史与文化中，经过了上千年的积淀，尊重本身也成了一种拥有丰富内蕴的文化，所以将尊重作为学校办学理念的关键词之一，是很合适的。

学校没有过多地将尊重理念用文字的形式传输给我们，但是在很多细节上都能够体现尊重，大抵是内化于心了。例如，所有老师都鼓励学生大胆向老师请教，并且不论问题简与难老师都会热心地解答。这可能只是细微小事，但却弥足珍贵，因为并不是天下所有老师皆是如此，这个细节，不仅充分体现了老师对求学孩子们的尊重，还体现了老师以身作则，在行为上表达尊重理念。还有很多例子，不多详述。我们虽未在校园内时时看见“尊重”二字，却时时都在感受着尊重。二高的尊重之道，潜移默化、润物无声，用浓厚的尊重氛围无声地教育着我们。

生11：尊重的含义实在是太深厚。尽管我们学校的校训为尊重，但是身为二高学子的我们对“尊重”二字的理解实在不够，我自身对尊重的理解则是要站在他人的立场思考问题，不要去纠结他人有什么不足，要反过来思考自身的不足。

不要强迫对方做任何事，不要让对方在与自己相处的过程中感到为难或者不适。注意接受他人的看法。我们每个人都是一个独立的个体，有着自己的独特个性，因此每个人都有发表自己观点的权利，因为我们都是这个社会的一部分。

如果每个人都各抒己见，那么就会使“熵”不断地增加，混乱程度也就越来越大，最终导致社会变得无序，所以我认为尊重也是一个“熵减”的过程。为了成为一个受尊重的人，我们必须尊重别人，以人为本。如何做人是值得我们探讨的问题。身为学生，我们应当在努力提高自身文化素养的同时，提高道德素养，树立正确的价值观，这便是我对尊重的看法。

生12：尊重是为人处世当中最基本也是最重要的品质。人们通过相互尊重联结在一起，结织成我们的社会网，所以尊重也是人与人交往的前提。看似简简单单的一个词语，体现的是一个人做事的行为，但实际上想要做到这一点是一个由浅入深、由简单到复杂的过程，它需要不断地进行反思和设身处地地实践。

西方人文主义思想大力弘扬人本思想，认为人应先知，应该先尊重自己。但是在我看来并不应如此。早在春秋时期，儒家思想就告诫我们说百善孝为先。身体发肤，受之父母，不敢毁伤，所以我认为尊重应先从尊重父母做起。父母给了我们生命，给了我们思考、获取知识和成长的权利，给了我们睁眼即能看见世界的机会，让我们能够在阳光下大口地呼吸新鲜空气，感受世界的美好。在父母眼里，他们的孩子永远是独一无二的，因为那是上天赐予他们最美好的礼物，是他们一生中最珍贵的创造。我们身上的每一寸皮肤，每一根毛发都源自父母，父母看到孩子的眼神，就像是在回味年轻时的自己。尊重父母是人人都应当做到的最基本的尊重。在父母劳作之时，接过他们手中的活，让他们知道孩子时刻惦记着他们。不在他们面前之时，也要珍惜自己的身体，时常打电话报一声平安，让他们知道孩子过得平安如常。少与父母计较争吵，那是终将会离我们远去的人，让他们在越过越短的余生中，感受到他们在孩子心目中是被深深尊重的。尊重父母是尊重自己的前提条件，也是包含于其中的一部分。自尊就是在与人交往中言行举止得体，符合自己的身份，既不让人觉得脸皮厚，也不会显得是个不受尊重的人。如果说尊重父母是为人之根基，那么尊重自己则是为人之财富。为何称为财富呢？因为知道其含义的人非常多，但是能够做到的人相比之下却很少。因为自尊是一种不动声色，即可由内到外体现出来。内在修养培养自尊是每个人一生都应学好的必修课。当然学会了尊重自己，同时也学会了尊重他人。

尊重身边人，包括亲人、朋友、师长等。他们是我们人生路上的伴侣，陪伴我们共同经历人生中的风雨，在困难面前迎难而上，挺身而出。想想我们是如何经历困难的吧，哪一次不是身边有热心人相助，哪一次跌倒后爬起来没有受到鼓励与支持，尊重是相互的。

不要觉得尊重他人是降低了自己的身份，不要把尊重他人当作自己的损失。走在大街上，你不也是老百姓吗？你不也是万千人当中的一员吗？当人人都能做到尊重他人，人们才会相互尊重，社会也将变得更加和谐。

师：听了大家的发言，老师真的很欣慰，你们能够将自己理解的尊重分享给大家，让我们从不同的视角、不同的环境、不同的阶段去深刻理解尊重的内涵。有的同学从尊重父母开始，有的同学从尊重老师、同学开始，有的同学从中国文化的角度来挖掘尊重的内涵，让我更为惊喜的是有的同学能够从尊重的角度去诠释社会主义核心价值观。同学们真是思路开阔，引经据典，老师发自内心地高兴。高兴的是你们能够学以致用，高兴的是你们都能从自我做起，高兴的是你们在尊重中学会了感恩，高兴的是你们真正成长了，你们不仅懂事，更能够肩负起家庭和国家的重任。

尊重，小到个人，大到国家、社会的发展。即使在国际交往中，也只有秉持尊重的理念，才能和谐相处、互利共赢。

谢谢同学们的分享，老师更希望能够将这个话题一直探讨下去，直到你们毕业离开母校，直到你们大学毕业走向社会的大舞台。

三、班会反思

本节课的设计初衷还是有针对性的，发现学生们对学校的尊重理念有些淡化，本人认为如果学生对学校的理念不理解、不认同的话，不仅影响学校的管理，也影响学校文化的传承，这对于学校的长远发展是不利的，对于学生的成长也会有负面影响。

通过此次班会，学生理解了学校的教育理念不是一纸空文，也不是刻在墙上的几个字，而应该是行为要求，是行动准则。即使是对于将来而言，尊重也将武装自己的思想，成为自我求学、工作的一笔财富。引导学生们理解学校尊重理念，将这一理念内化于心外化于行，是我作为班主任的职责所在，也是教育的必然要求。

令人没有想到的是，学生的发言准备充分，虽然在言语上略显稚嫩，但也基本呈现出学生思想的真实状态，也集中地进行了一次正能量的思想引领。

这堂班会课，仅仅是认识的开始，希望学生们能够汲取学校尊重理念的精华，在人生道路上实现自我价值，成为一个真正受尊重的人。

【点评】

从选材来讲，本节班会课所取的点有些意外，又有些惊喜。

令人意外的是，教师把理解学校办学理念作为班会主题。一般而言，班主任的着眼点更多的是学生的学业引领以及德行引领，在对学生进行德育教育的时候，学校办学理念往往是被忽略的点，换言之，我们往往会忽略学校办学理念的德育作用。

令人惊喜的内容有二：一是教师能够重视学校办学理念的引领作用，能够引导学生理解尊重的思想，进而塑造尊重的行为，较为有效地借助了学校的优势来进行德育教育，有利于学生获得归属感，也有利于学校的管理；二是学生的表现让人惊喜，学生在课堂上能够对学校理念侃侃而谈，这种正式的表达，既增强了学生对于学校的认同感，也为学生行为的塑造奠定了坚实基础。

与老师有约

——新生适应之师生关系适应主题班会教案设计

高 志

高志

高志，深圳市第二高级中学心理教师。深圳中小学心理健康教育专业委员会委员，深圳市教育学会生涯教育专业委员会副秘书长，深圳市教科院特聘心理咨询专家组成员，深圳市第二高级中学心理组组长，北京师范大学心理健康教育硕士，国家二级心理咨询师，国家高级家庭教育指导师，国家绘画投射分析师，国家生涯规划指导师，国家高级心理保健师，广东省心理学会会员，深圳市家庭教育讲师团成员，深圳市心理危机干预核心组成员，广东省中小学心理健康教师C证培训讲师，广东省首批心理骨干教师培训班成员，曾获深圳市直属学校心理教师技能大赛第一名、市总决赛第五名和深圳市直属学校“年度教师”提名奖。

曾多次参与国家、省、市级课题，并获一、二等奖。出版专著《为雨季撑一把伞》，参编《积极心理活动课操作指南》《尊重型德育理论与实践》《生涯规划》三部著作。论文、心理剧剧本和课例等都曾多次获奖或发表。

因工作认真、专业扎实、业绩较突出，曾连续9年获得学校教书育人，其中银奖6次、金奖3次。深受学生、家长的信任和喜爱。

一、教案设计

（一）背景分析

经过紧张而又富有挑战性的努力，蹚过中考这条清澈但不见底的河流，高一新生以一种激动而又兴奋的心情跨入了二高。但是新环境的变化，学习任务的加重，随之而来的压力，使洋溢在学生脸上的笑容渐渐消失了。随之而来的是思家心切的泪水、人际关系的种种困惑，以及对教学方法的不适应……

帮助高一新生尽快适应新环境，学会微笑地面对压力的挑战，是每一位教师都不可推卸的责任。心理组教师，更是高度关注高一新生的校园融入与适应，并从多方面来帮助大家尽快地适应新生活，为学生的心灵播洒阳光，让其尽快适应新的高中生活。

为此，心理组教师针对高一新生的实际情况，从师生关系、学业适应、自我接纳、同伴关系和生活适应五大方面，设计并开展了一系列班会团体心理辅导课程，包括“新学期、新起点、新风貌”“与人沟通，从‘心开始’”“与老师有约”“花开应有时”等。

在五大方面的适应中，师生关系又是重中之重。与初中时代的师生关系不同的是，由于学科数量的增加，学习任务加重，学习难度加大，以及高中生对老师的依恋程度会相对下降，高中生跟老师的关系相对初中会变得疏远一些。高中教师与学生的交流主题会更偏重学习，交流的时间也主要在课堂上。这些客观原因更拉大了师生之间的距离。

古人说，“亲其师，则信其道”。师生关系对于促进学生的学习动力有着至关重要的作用。“与老师有约”这堂课就是针对良好师生关系的建立而精心设计的一堂心理班会课。

（二）班会目标

（1）认知目标：通过访谈，让学生从多方面来认识老师，尤其是了解课堂外的老师。

（2）技能目标：培养学生的团体协作能力，培养学生访谈的初步技能，增强学生主动与老师沟通的能力，以及公众演说的能力。

（3）情感态度与价值观：通过贴近老师的访谈，让学生了解老师的兴趣、爱好和价值观念等，增进师生之间的情感联系与信任度，促进学生对老师的了解、接纳和喜爱。

（4）过程与方法：本次班会课分为三部分，共需要2～3个课时。第一部分（1个课时），专题引入、布置任务、学生分组；第二部分，学生分组采访相应教师，准备汇报PPT等素材；第三部分（2～3课时），学生以小组为单位以PPT、视频等形式进行汇报。

（三）前期准备

（1）班会课PPT。

（2）“与老师有约”采访单。

（四）班会流程

1. 导入阶段——活动导入

规则：以同桌为小组，左边为甲，右边为乙。由乙同学握住拳头，甲同学在一分钟时间内打开乙同学的拳头。

教师：打开了的同学请举手，用的什么方法？

学生：……

引导或总结：最好的方式，是伸出我们的手掌来，真诚地邀请同桌，“握握手，做朋友”。

【设计意图】

上课伊始，学生尚未有足够的情绪、精神准备，对主题和目标茫然无知，团体内开展互动、交流、分享的氛围尚未形成。通过团体热身，调动学生情绪，集中学生注意力，并通过紧扣主题的热身游戏，引出今天的辅导主题，一举两得。

2. 团体转换阶段：亲师信道

（1）展示图表：北京市第八中学关于师生关系与学生成绩关系的相关性研究。

教师：正如古人所说，“亲其师，则信其道”。从这个调查我们可以得知，师生关系与学生的学习成绩有着正相关。

（2）任务介绍：与老师有约。

① 内容：第一步，以宿舍为单位，对老师进行采访；第二步，制作PPT，准备相关素材；第三步，向全班同学汇报采访成果。

② 时间：从现在到下周班会课之前。

③ 要求：通过每个小组的采访和汇报，让全班同学都更加喜爱我们的

老师。

【设计意图】

班级团体心理辅导的团体转换期肩负着由“团体凝聚力初步形成”向“运用团体动力解决团体共同关心的某一发展问题”转移的重要任务，这是一个创设情境、提出问题、激发成员探索成长困惑的需求、逐步催化团体动力的过渡时期。这一时期的工作重点是“展开主题”。

3. 团体工作阶段：小组讨论

（1）宿舍分组：以宿舍为单位，集中就座。

（2）挑选对象：在一分钟时间内，各小组迅速决定采访哪位老师。

（3）推选组长：各小组推选一位小组长。

（4）教师引导与讲解：引导学生学习采访的相关知识与要点。

① 采访前的准备。

② 采访中的要点。

③ 采访后的整理发布。

④ 访谈的各类问题介绍：娱乐性访谈、生活化访谈、思想性访谈、关系性访谈。

（5）分组讨论：以宿舍为单位，小组商讨相关事宜。

① 角色分工——组长、采访人、联络人、摄影师、汇报人、书记员等，可以兼任。

② 确定任务进程及时间节点。

③ 初步讨论采访提纲——由采访人组织大家提供采访提纲的建议，并收集。

④ 下发“与老师有约”采访单。

⑤ 讨论其他相关事宜。

（6）几个采访成功的小标准：由教师介绍几条评价采访与汇报的成功标准。

① 小组认真准备，分工明确，协作统一。

② 教师重视、投入访谈。

③ 访谈深入、轻松，有收获。

④ 资料收集完整等。

⑤ 汇报认真、特色突出，给学生和老师留下深刻印象。

⑥下节班会课，邀请被采访老师来课堂听汇报。

【设计意图】

重点指导学生结合自己的思考与分析，在小组内进行分工协作，讨论访谈提纲，并且进行以“真诚、开放、分享”为特征的相互讨论与反馈。大家彼此借鉴与学习，不断提升本小组的思考深度与广度。为下一阶段的访谈工作做好充分的准备。

4. 团体结束阶段：学生分享

邀请各小组上台汇报本小组讨论的成果，包括人员分工、采访计划、采访提纲等。各小组之间可以相互学习与借鉴，以使本小组的采访更加成功。

【设计意图】

本节课的团体结束阶段，正是下一环节活动的正式开始。因此，本次团体结束，不仅是为本节课的探索画上一个圆满的句号，更要通过结尾的分享环节激发团体间更强的动力，推动各小组之间相互学习和借鉴，鼓励学生将认知、经验加以生活化和行动化，使学生将收获应用于接下来的实践当中。

二、课堂实录

师：上课。

生：起立。

师：同学们好！

生：老师好！

师：同学们请坐！

1. 导入阶段——活动导入

（教师播放幻灯片，上面有“活动导入：以同桌为小组，左边为甲，右边为乙。由乙同学握住拳头，甲同学在一分钟时间内打开乙同学的拳头”。）

师：同学们，现在我们以每桌为单位，坐在右边的同学握住拳头，坐在左边的同学想办法打开，时间为一分钟，开始。

（学生们在兴奋中，用各种办法玩着这个“对抗”的游戏。）

师：好，时间到。有打开同桌拳头的同学请举手。

（学生举手。）

师：嗯，有，只是不太多。那恭喜成功打开的同学。

（学生鼓掌。）

师：谁愿意来分享一下，你是怎么打开同桌的拳头的呢?

生1：这个主要是凭实力说话。（一边还展示了他的肌肉）

（全场大笑。）

生2：老师，我是用挠痒痒的方式逼她就范的。

师：嗯，有的同学是凭实力，有的同学是凭机智，都很好。只是，似乎大家都有一个先入为主的误解，就是这是一个“对抗”性游戏——握拳手的同学的目标就是不让对方打开，好像是打开就输了。但大家再回到我们的题目，我们其实并没有讨论输赢的问题。我们好像都很容易陷入输赢的竞争性思维中。好吧，我现在推荐一种刚才没有人用到的办法。

请所有坐在左边的同学，向同桌伸出手掌来，带着笑容跟对方说：“很高兴认识你，而且还能跟你做同桌！”

（所有学生都伸出手跟同桌握手）

师：在人际关系中，我们有的时候一不小心就会陷入“对抗”性思维的陷阱——他是不是不喜欢我？如果他不好，那我也没必要对他好等诸如此类的念头。这种想法在本质上都有一个共同点——我要看对方怎么样，再决定我对对方怎么样。其实，有的时候我们可以换一个思维方式——不管对方怎么样，我都以主动、热情和合作的态度来对待对方。这样的想法和做法，可能会让你在人际关系中有不一样的发现。这样的思维方式，不仅对于我们与同学交往有利，可能对于我们与老师之间的交往，也有一定的启发。

2. 团体转换阶段：亲师信道

师：好的，请同学一起来看一张图片（播放PPT），这是北京市第八中学关于师生关系对学生成绩的影响的相关研究。正如古人所说，“亲其师，则信其道”。从这个调查我们也可以得知，师生关系与学生的学习成绩有着正相关。还有一个研究表明，学习成绩好的同学在听课时眼光注视教师的时间远远超过成绩不太好的同学，而且两者的差异非常明显。所以，我们可以说“要想成绩好，先要关系好”。那现在我来做几个现场调查。开学近一个月了，知道所有教师姓什么的同学，请举手。

（只有2名学生举手。）

师：那知道所有主科老师姓什么的同学，请举手。

（有10名左右学生举手。）

师：那知道语、数、英三科老师姓什么的，请举手。

（还是有几名学生没有举手。）

师：班主任老师叫什么名字，大家应该都知道吧？

（学生大笑。）

师：好吧，看来许多同学有点被动呀。记住对方姓名，是交往中非常重要的技巧。如果你连老师的名字都没记住，估计你也没有主动跟老师进行过交流吧。

（学生点头示意。）

师：好，那么现在老师就给大家创造一个这样的机会（翻开"与老师有约"的PPT）。"与老师有约"的任务，就是在接下来一周的时间里，请大家以宿舍为单位，对我们的老师们进行采访。然后，在下一节班会课时，大家再来向全班同学汇报自己的采访成果。

（学生很兴奋，也很期待……）

师：我们来看一下具体的安排（翻开PPT，展示①内容；②时间；③要求）接下来，我们开始行动。

3. 团体工作阶段：小组讨论

师：大家报一下，我们班有哪几个宿舍，每个宿舍几个人。

（各自报所在的宿舍和人数。）

师：（写在黑板上，并以宿舍为单位，安排好座）好，大家都清楚了吗？

生：清楚了。

师：好，现在看哪个宿舍先坐好，一分钟倒计时开始。

（学生迅速按照指定的座位入座。）

师：非常好！用时45秒钟，很高效。接下来，在一分钟时间内，各小组迅速决定采访哪位老师。不能重复前面已经被采访的老师。如果两个小组同时选择同一位老师，则通过"剪刀、石头、布"的方式公平竞争。除了所有的任课老师外，还可以采访生活老师，甚至也可以是校长。

（学生听到可以采访校长，很兴奋地讨论起来。）

师：好，时间到，现在请大家来选择准备采访的老师。

（学生争先恐后地挑选自己小组想要采访的老师，生怕自己喜欢的老师被别的小组先选了。现场也出现了几个小组同时选择同一位老师的情况。

通过公平竞争和更换采访老师的方式，每个小组都选择了自己想去采访的老师。）

师：好，接下来请各小组在一分钟之内推选出一位小组长。

（大部分小组很快推选出了小组长，有一个小组没有推选出来。教师采取快速投票法，确定了小组长。）

师：接下来，老师想向大家来介绍一下几种访谈的类型，（点击PPT，翻到相应页面）包括：

（1）娱乐性访谈：气氛幽默恶搞、八卦小道消息、窥探隐私秘密。比如，初恋是什么时候？是否结婚或有对象？怎么求的婚？喜欢什么样的异性？有偶像没？有什么嗜好？

（2）生活化访谈：气氛轻松亲切，像是朋友聊家常。比如，你幸福吗？老家在哪里？哪里毕业？感觉深圳怎么样？工作以外是个什么样的人？平常喜欢做什么？平时有什么爱好？心情不好的时候会做什么？为什么来中国（采访外籍老师）？来深圳最开心的事情是什么？老师一天的工作节奏和时间是怎样安排的？生活中的老师与工作中的老师有什么不同吗？

（3）思想性访谈：气氛较认真、思想交融、智慧火花碰撞。比如，为什么选择教师职业？教师的职业生涯、职业观？这些年对教师职业的心态有怎么样的变化吗？如何看待中国现行教育的利弊？如何看待当代学生存在的问题？

（4）关系性访谈：气氛轻松亲切，交流深入，富有启示。比如，对我们班（某某）的印象怎么样？优点和缺点？对我们班的期望是什么？有什么建议吗？你收过的最好的教师节礼物是什么？

大家可以根据本小组的协商意见，整理不一样风格的采访提纲。为了让老师更加重视大家的采访，大家一定要和老师预约时间，提前做好一些准备性的工作。我这里有一张采访单，供大家参考。接下来，大家有10分钟来讨论以下几个问题。

（1）角色分工——组长、采访人、联络人、摄影师、汇报人、书记员等，可以兼任。

（2）确定任务进程及时间节点。

（3）初步讨论采访提纲——由采访人组织大家提供采访提纲的建议，并收集。

（4）讨论其他相关事宜。

（学生组内讨论相关事宜，教师在课堂内巡视，一旦发现问题就与小组成员进行讨论）

师：好，时间到。接下来我来说几条采访成功的参考标准。

（1）小组认真准备，分工明确，协作统一。

（2）老师重视、投入访谈。

（3）访谈深入、轻松，有收获。

（4）资料收集完整。

（5）汇报认真、特色突出，给学生和老师留下深刻印象。

（6）下节班会课，邀请被采访老师来课堂听汇报。

4. 团体结束阶段：学生分享

师：现在邀请各小组，上台汇报本小组讨论的成果。

生1：我们准备采访的是语文老师，因为语文老师平时比较神秘，我们担心他不会跟我们说“掏心窝”的话。所以，我们准备先通过QQ空间来了解一下老师的过往，再形成几个有深度的问题……

生2：我们小组有一个制作PPT的高手，正好可以派上用场……

生3：我们要采访的是历史老师。我们比较好奇的是老师的成长历程，因为之前老师说过他所在的中学是个非常“烂”的学校。我们想知道他是如何出淤泥而不染的……

生4：我们准备采访一下我们的数学老师——阳老师，因为：①他讲课生动有趣，语言风格独特，这使他成为我们喜欢的老师之一。②他在二高执教多年，对二高的一切看得比较透彻，我们想从他这里了解二高。③他年纪较轻，能够更好地与我们沟通并更好地达成共识。④他曾提起过自己高考“落榜”，我们想要更深入地挖掘其中的来龙去脉。

……

师：好的！从大家的发言中可以看出大家都做了认真的思考。我想大家都和我一样，非常期待这次的“与老师之约”，相信在这次采访和汇报后，我们会发现一个“不一样”的老师。我也希望，同学们通过这次采访，都更加喜欢我们的任课老师。大家加油！我们下节课见！

附1:

与老师有约

班级:　　　　　宿舍:　　　　　成员:

请你和你的组员们去采访一位任课老师，采访内容可以包括老师的喜好、特长、烦恼，对班级的评价和期望以及老师的高中生活等，也可以根据实际情况自定，每个小组要对自己采访的内容保密。我们还要为这位老师画一张像，但画像上不得出现老师的名字（图1、图2）。

图1

图2

活动反思：通过这次采访，我发现老师和我印象中的老师是否一致？在这次采访过程中有没有遇到什么困难？又是如何解决的呢？最大的收获是什么？通过对老师的采访，你有什么感想？

附2：

学生采访后的感受

分享1：通过这次采访老师的活动，我们不仅了解到课上严肃的老师们在生活中的随和与情感，还体会到了团结友爱的意义。人生的路还很长，也许宿舍生活是以后怀念过去时脑海中浮现的最美好的记忆，这一间小小的屋子，6张床、6个柜子、3盏灯、1台空调、1个阳台，也许就是高中生活最快乐的所在。

分享2：采访过程中，Peter一直面带笑容，没有丝毫不耐烦，给人感觉和蔼可亲。不因为他是老师、我们是学生而摆架子。所以许多同学都喜欢他。同时，他也是一个敬业的老师……希望在他的带领下，班级成绩能够大踏步地前进！

分享3：通过采访，我们有以下几点认识：①阳老师是个和蔼可亲、平易近人的老师。②高中生活非常辛苦，特别是高三，所以高一、高二要“及时行乐”。③高三刷题很疯狂，一定要备足纸笔。

分享4：因为轻松幽默的上课方式，吴老师给我们的第一印象是不靠谱、很搞笑。但在对历史老师进行访谈的过程中，我们感受到了他貌似“不靠谱”的外表之下，隐藏着他对教学工作的热情，对教育制度的反思，对社会走向、国家命运的关注。或许吴老师的道德标准就是“位卑未敢忘忧国，天下兴亡，匹夫有责”。这也引发了我们的思考：作为一个高中生，你对自己的人生是否应该有自己的把握了？对社会，是否应该建立起你自己的价值观了呢？能把这一次访谈完整地呈献给大家，让大家更加了解我们的老师，拉近我们与老师之间的距离，我们感到很高兴。也感谢321宿舍里每一位同学付出的一点一滴。

分享5：采访当天下午，邓校长在5点20分准时接受采访，采访持续了40分钟。其间，他语重心长的回答、温暖和善的微笑给我们留下了温馨的回忆。尽管一天的忙碌后，疲惫已悄悄爬上他的面容，但他没有丝毫的不耐烦，认真地回答我们的每个问题，并始终面带微笑，眉宇间不时地透出的一股霸气。

在随后的心理课堂汇报中，我们充分向同学们介绍了一位“非同寻常”的校长，并用四个词描述了邓校长：阳光、平实、亲切、霸气。

课后，班上同学纷纷表达了自己的想法：“跟校长更亲近了，校长一点架子都没有，我好喜欢！”“其实二高的学生挺幸福的！”“学校能有这样一位平易近人的校长，我对自己和学校更有信心了。”

三、教学反思

高一新生面临着师生关系、学业适应、自我接纳、同伴关系和生活适应五大方面的适应问题。而建立良好的师生关系，使学生亲其师而信其道，是学生适应的重中之重。本节课从以下几个方面开展了卓有成效的探索：

（一）以积极心理学理论为指导，在体验中培养学生的积极品质

积极心理学认为，积极人格的培养途径主要有三个：在社会活动中增进积极体验，在经历的生活情境中学会积极赋义，在个体的发展中培养良好自尊。前两条都强调了来自社会实践中的体验对于积极人格培养的重要性。

本次主题的设计，核心环节的本质就是实践活动和真实的生活情境。在布置本节班会课的任务后，学生们像“狗仔队”一样，在办公室、教室外、操场上和观鱼亭等地方，拿着笔记本、摄像机等工具，采访自己喜欢的教师。老师们抛开课堂和知识教学，跟学生们分享自己的人生感悟与职业体验。这本身就是非常美的画面与场景。从预约老师访谈时间到选定访谈地点，从讨论访谈内容到各自的任务分配，从前期访谈到后期制作，学生们参与到每一个细节和过程当中。这个过程是愉快的、富有挑战的、有成就感的，自然增进了学生的积极体验。

（二）依据高中新生的心理特点与需求，激发学生探索的积极性与欲望

建立师生关系中，传统的途径是课堂——教师通过授课来吸引学生。在这种方式中，途径是封闭的，学生是被动的，了解的内容是单一的——主要只涉及教师的教学。没有调动学生的主动性与积极性。因而，效果也常常不尽如人意。

我们通过设计这堂“与老师有约”的课，让学生以宿舍为单位，模拟《鲁豫有约》的节目模式，让学生主动走近老师，走近一个丰富的、真实的老师。通过采访的方式，将被采访的老师的优点、特点、经历、内心世界挖掘出来，然后，向全班展示一个生活化、全面而立体的教师形象。在整个过程中，高中生渴望独立、自主和自我表现的特点与需求得到了满足。因而，学生们都积极参与，主动发言。尤其是作为高一新生，他们对老师们有强烈的好奇心，特别是对于老师们的“小道消息”非常感兴趣。因此，在采访中他们会问一些关于老师“隐私”的事情。这一点，在课堂上也需要适当地引导。

（三）开展班级团体活动，增强学生的合作能力和班级凝聚力

以宿舍为单位的合作式团体活动，让宿舍同学在活动中增进彼此之间的了解，明确彼此的优势和不足，取长补短，为了同一个目标而共同努力，最后，在全班面前，赢得掌声和赞扬，这是一件非常有意义的事情。

【点评】

这节心理班会课，结合高中生的发展特点和心理需求来设计主题。课堂设计采用活动的形式，让全体学生广泛参与，深度体验，充分调动了学生的积极性和主体性。学生在轻松愉悦的氛围中完成了对任课教师的了解和认同，并更加喜欢任课教师们。古人说，“亲其师，则信其道”。这一活动大大促进了师生关系，达到了非常好的效果。

教师们在跟学生们分享人生感悟与思考时，其实也在引导学生们如何抉择，去过幸福而有意义的人生。相信学生们也在这个过程中会收获良多。

第四章

学海泛舟楫　扬帆先借力

规划闲暇时间，成就理想人生

主题班会教案设计

韩潇怡

韩潇怡

韩潇怡，语文教师，2018年参加工作，2019—2020年度获得校级优秀班主任奖。深圳市刘向名班主任工作室成员，参与工作室课题研究和书籍编写工作。关注学生成长，致力于营造温馨和谐的班级氛围和积极上进的班级风貌。

一、教案设计

（一）背景分析

升入高中，学生们普遍感受到学习压力骤增。面对繁重的课业，有些学生选择分秒必争，盲目挤占休息时间完成作业，从而造成身体损耗、效率低下、信心受挫等系列问题；有些学生滑入另一极端，通过看闲书、打游戏等“打发”时间，抵触和逃避学习，学业成绩一落千丈。

帮助学生们规划闲暇时间，贯彻劳逸结合和高效学习的理念，是适应高中生活、进而成就理想人生必不可少的一课。

（二）班会目标

（1）让学生认识到闲暇时间的重要性，培养规划闲暇时间的意识。

（2）归纳关于利用闲暇时间的金点子，为学生们提供启发和指导。

（3）分析个人闲暇时间的利用情况，形成优化方案。

（三）前期准备

（1）班会课件、背景音乐。

（2）收集并整理调查数据。

（3）优秀学长、年级第一名采访视频。

（4）彩色卡纸（普通笔记本大小）若干。

（5）男女主持人各 名。

（6）拍照学生一名。

（四）班会流程

1. 我的缤纷生活

每位同学领取一张彩色卡纸，在上面写下最近业余时间所做的有趣的事情。“击鼓传花”随机选择几位与同学们分享。

（背景音乐：罗大佑《童年》。）

【设计意图】

轻松的小游戏、欢快的背景音乐、有趣的回忆，让每名学生都能参与其中并放松下来，营造活跃的课堂气氛，引出“闲暇时间”这个话题，为后续的活动做铺垫。

2. 闲暇时间调查

设计一份关于闲暇时间利用的问卷，可通过“问卷星”收集数据。如不具备条件，也可在班级内现场调查。此环节须在班会之前完成。

问卷内容：

标题：高中生闲暇时间规划调查

Q1：周末除完成作业和上补习班，你自由支配的时间约为（ ）。

A. 2天　　B. 1.5天　　C. 1天

D. 0.5天　　E. 几乎没有

Q2：勾选你闲暇时间最主要的活动（ ）。（最多三项）

A. 陪伴家人　　B. 户外活动　　C. 运动健身

D. 玩游戏　　E. 刷剧　　F. 读书

G. 睡觉　　　　　　　　　H.其他活动（填空）

Q3：你在闲暇时间的感受是（　　）。

A. 放松　　　　　　　　　B. 充实

C. 无聊　　　　　　　　　D. 焦虑

Q4：你希望怎样度过自己的闲暇时间？（填空）

【设计意图】

通过调查获得比较真实、全面的数据，了解学生的群体状况，从而从实际出发，给出更有针对性的建议。

3. 案例讨论分析

案例一：高考状元们是不是只会刷题的机器？

2017年澎湃新闻对全国高考状元发去了一份“2017年高考状元调查问卷”，回收40份有效问卷。多项选择的结果显示，学业之外，80%的状元爱好阅读，有75%的状元喜欢音乐，65%的会运动，看电视、电影的也占到62.5%。

广西文科状元韩思雨兴趣爱好广泛，在分秒必争的高三阶段，画画、弹琴、刷剧、看漫画成为她调剂心态的方式，高考前一个月，考生都在熬夜刷题，而她还会看看课外书，在草稿本上天马行空地画上几笔。她喜欢如《长歌行》《尚善》，有历史文化底蕴及故事情节强的漫画，偶尔也会小试牛刀；擅长古筝，假期会弹弹喜欢的曲子；好奇天文，曾买来望远镜“看看月亮”。

四川理科状元黎雨佳则兼具“学霸”与“女汉子”的特质。作为一个文艺范儿的理科生，黎雨佳喜欢音乐，最近开始学了吉他，周杰伦是其偶像；酷爱阅读近代史、哲学史，也读小说，喜欢看东野圭吾的《嫌疑人x的献身》，曾追《三体》到凌晨4点。而作为运动健将，她组建过班级的篮球女队，曾获青白江区实心球和铅球项目的第二名。

山西理科状元鲍嘉晖很小就开始学习围棋，稳重的性格令他下起棋来进步很快。他的父亲认为，正是下棋开发了他的智力。他还喜欢打篮球，即使在高考前几天，也会每天打半个小时。父亲对他这个爱好表示支持：“孩子学习很辛苦，半个小时的篮球，对他来说是一天之中难得的放松。”

讨论：高考状元们是不是只会刷题的机器？你认为应该如何平衡学业和爱好？

案例二：刘慈欣——“开小差”开出来的文学巨匠

2019年春节，根据刘慈欣同名小说改编的电影《流浪地球》上映，成为中国科幻界和电影界的一大盛事。不久，一位在电力部门工作的网友找到刘慈欣在《鲁豫有约》的一段访谈，他在节目中声称自己相当大一部分写作是在工作岗位上完成的。

这段访谈引发公众热议。

讨论：你如何看待刘慈欣在工作岗位上写作这件事？

案例三：选自胡适写于1932的一篇文章《赠与今年的大学毕业生》

总得多发展一点非职业的兴趣。离开学校之后，大家总得寻个吃饭的职业。可是你寻得的职业未必就是你所学的，或者未必是你所心喜的，或者是你所学而实在和你的性情不相近的。在这种状况之下，工作就往往成了苦工，就不感觉兴趣了。为糊口而做那种非“性之所近而力之所能勉”的工作，就很难保持求知的兴趣和生活的理想主义。最好的救济方法只有多多发展职业以外的正当兴趣与活动。一个人应该有他的职业，又应该有他的非职业的玩意儿，可以叫作业余活动。凡一个人用他的闲暇来做的事业，都是他的业余活动。往往他的业余活动比他的职业还更重要，因为一个人的前程往往会靠他怎样用他的闲暇时间。他用他的闲暇来打麻将，他就成个赌徒；你用你的闲暇来做社会服务，你也许成个社会改革者；或者你用你的闲暇去研究历史，你也许成个史学家。你的闲暇往往决定你的终身。

英国十九世纪的两个哲人，弥儿（J. S. Mill）终身做东印度公司的秘书，然而他的业余工作使他在哲学上、经济学上、政治思想史上都占一个很高的位地；斯宾塞（Spencer）是一个测量工程师，然而他的业余工作使他成为前世纪晚期世界思想界的一个重镇。古来成大学问的人，几乎没有一个不是善用他的闲暇时间的。职业不容易适合我们性情，我们要想生活不苦痛，只有多方发展业余的兴趣，使我们的精神有所寄托，使我们的剩余精力有所施展。有了这种心爱的玩意儿，你就做六个钟头的抹桌子工夫也不会感觉烦闷了，因为你知道，抹了六点钟的桌子之后，你可以回家去做你的化学研究，或画完你的大幅山水，或写你的小说戏曲，或继续你的历史考据，或做你的社会改革事业。你有了这种称心如意的活动，生活就不枯寂了，精神也就不会烦闷了。

讨论：胡适认为，闲暇时间对人生有怎样的影响？你同意吗？

【设计意图】

分析大家言论、名人经历、名人榜样等，启发同学们思考闲暇时间对人生的重要影响，以及如何平衡学业、工作和爱好，在交流中归纳总结，形成一些有价值的共识。

4. 我有金点子

提前一周安排学生代表联系本年成绩第一的学生，以及高年级的优秀学长，录制访谈视频，请他们谈谈自己如何利用闲暇时间。访谈内容包括：①个人介绍。②在校期间和周末各有多少闲暇时间？是如何安排的？③你认为闲暇时间对个人有何意义？④关于利用闲暇时间，请他给同学们提供一些建议。

在课堂上播放访谈视频。

【设计意图】

发挥榜样的力量，身边优秀的同学现身说法，真诚分享个人经验，给学生们提供更生动的激励。

5. 规划闲暇时间

主持人：这节班会课，我们共同探讨了闲暇时间的重要性，从前期的问卷调查结果和身边榜样的经验分享学到了规划闲暇时间的一些金点子，相信同学们收获颇丰。高中的生活绝不仅仅只有课本和教辅，更应当有兴趣爱好和广泛实践。正如胡适先生所言，业余的兴趣往往决定你的终身。希望每位同学在高中阶段全面成长，同时发掘自己的个性特长，为成就理想人生探索道路！

最后，请大家拿出班会课开始领取的卡纸，根据这节课的思考，制定一份闲暇时间规划表，让自己在校和在家的闲暇时间都充实而有意义！

（背景音乐：久石让《天空之城》。）

【设计意图】

班会课的最后，让学生们把自己的思考沉淀下来，完成一份闲暇时间规划表，引导学生们付诸行动，用好闲暇时间。

二、课堂实录

主持人（女）：老师好、各位同学好！我们今天班会的主题与时间有关。相信同学们对时间管理与规划并不陌生，不过，我们今天要讨论的不是怎样高效利用时间完成作业，而是如何娱乐和休闲，也就是，怎样利用闲暇时间。为什么要谈这个话题呢？

主持人（男）：胡适先生说，一个人的闲暇时间决定了他是怎样的人。用闲暇打麻将的人，可能成为赌徒；用闲暇来做社会服务的，也许成个社会改革者；用闲暇去研究历史的，也许能成个史学家。所以，千万不要忽视闲暇时间的重要性。

主持人（女）：首先，我们来玩个暖场游戏。现在请每位同学根据自己喜爱的颜色，领取一彩色卡纸，在上面写下你最近在课余时间或周末所做的有意思的事情。5分钟后，我们将通过“击鼓传花”的形式随机选几名同学与大家分享。

（背景音乐：罗大佑《童年》。）

生1：我最近画了一些画，都是些历史人物，像孔子、李白、孙中山、恩格斯、笛卡尔等。

（众生鼓掌。）

生2：我最近有在自学手语，觉得挺有意义的。一开始在网上看到了朱广权老师的专用手语员的采访，觉得很有趣，后来想也许在生活中也能用到，能帮助到有需要的人是一件很快乐、很有意义的事情。

主持人（女）：好有爱心！可以给我们演示一下吗？

（生2演示“你好”“谢谢”“我爱你”等简单手语，其他学生跟着模仿。）

生3：我在学吉他。还在初学阶段，联欢会不要让我表演……

（众生笑。）

主持人（男）：看来大家的课余生活都很丰富啊，这样我就放心了。不问不知道，我们班真是卧虎藏龙啊，我要向大家多多学习！

主持人（女）：时间有限，我们没办法请每个同学都来畅谈。不过，我们事先做了关于利用闲暇时间的小调查，下面咱们一起来看看统计结果吧！

（PPT展示结果。）

主持人（女）：第一个问题是“周末除完成作业和上补习班，你自由支配的时间约为多少”。70%以上的同学有1天或半天、22%的同学几乎没有，可见绝大多数同学周末的空闲时间不多，说明大家还是很刻苦的！

主持人（男）：第二个问题是“你闲暇时间的主要活动是什么”。有一半以上的同学都选择了“读课外书”，嗯，很符合我们文科班的特色。排在第二位的是“睡觉”，接下来比较多的是“刷剧”“玩游戏”和“陪伴家人”。选择“户外活动”的最少，我也是个很宅的人。

主持人（女）：第三题是“你在闲暇时间的感受是什么”。有70%的同学选择了“放松”或“充实”，而剩下的同学选择的是“无聊”或“焦虑”。希望这堂班会课能启发我们更好地利用业余时间吧。

主持人（男）：最后一个问题是“你希望怎样度过自己的闲暇时间”。这是一道主观题，大家答案里的关键词有“充实”“有意义”“张弛有度”“提升”等，可以看出你们都希望把闲暇时间好好利用起来。

我们平常说安排时间、列计划这些，通常说的都是上课多久、写作业多久、复习多久，休闲放松往往作为“灰色时间”被隐藏掉了。其实，我们要正视闲暇时间，并且积极利用，让闲暇时间发挥正向能量。

接下来，和大家交流几个相关案例，请同学谈谈自己的看法。

（PPT显示案例一。）

主持人（女）：大家可以和身边同学交流一下，稍后请一些代表来发言。

生4：我想，如果一个高考状元只是刷题机器，那他“状元”的头衔也只能定格在这一场考试中了。人生的“状元”明白真正喜欢什么想要什么、知道自己为什么要与形形色色的人打交道，能体会一把《王者荣耀》带来的乐趣、更能懂得人情世故。总之，真正的状元会平衡自己的学业和爱好，不让自己束缚在一本本练习题当中。

关于如何平衡自己的学业和爱好，我的看法是，最重要的是合理安排时间。在课内一定以学习为主，学习的时候不分心，不要想着闲暇应该怎么玩，投入到学习中。而在闲暇之时，就放松身心地做自己喜欢的事，不要想着刚刚的题选A还是选C。做任何事情都应该全神贯注，学的时候好好学，玩的时候好好玩。有计划地进行活动，就能做到学习娱乐两不误。

主持人（女）：谢谢你的精彩回答！她告诉我们不管学习还是玩耍都要投入，然后规划好两者的时间，说得太好了！

生5：我认为状元们不是只会刷题的机器。我认为状元之所以能成为状元，最主要的是他们有好的学习方法和自律。近年来越来越重视综合素养，“学霸”们在除学习外的其他方面也十分优秀。学业固然重要，但爱好也是伴随一生的，爱好更是发泄和放松的重要途径。我认为应该以学业为主，在完成学业的前提下尽量留出多的时间去拓展爱好，不仅能放松，更能提升自我。

生6：状元当然不会只是一台会刷题的机器。优秀的人懂得分配时间。刷剧、听音乐、看小说诸如此类娱乐活动只要是学生都会做，高考状元们之所以脱颖而出，是因为他们知道如何分配学习与娱乐的时间，如果仅仅因为他们分配了更多时间给学习而认为他们是刷题机器，显然不是很妥当。爱好是构成人生的一部分，学习也一样。但是，我们现在的身份是学生，应当把精力的大部分投入到学习中，其余的才是发展爱好的时间。

生7：对于“高考状元们是不是只会刷题的机器”，我想说当然不是。状元的好成绩绝对不是光靠刷题就能取得的，他们往往具备学科素养还有良好习惯，而这一点就是依靠平时业余时间慢慢培养的。关于“如何平衡学业与爱好”我觉得这两者其实并不冲突，都有助于我们的成长，而且爱好有时在一定程度上还能帮我们减轻学业上的压力。但是学业与爱好一定要兼顾安排好，不能因爱好而荒废了学业，也不能让学业埋没了爱好，在学业压力巨大的高中阶段，我觉得还是在学业完成的前提下再专注于自己的爱好。

主持人（男）：我觉得你们说得太有水平了！其实我们这个年龄段的人都能分清学业和爱好的轻重，毕竟有高考在前面压着我们，只是要学着把握一个度。

下面分享的这个人我们都不陌生，就是刘慈欣。他也是一位时间管理大师。等下请同学们谈谈对他“上班摸鱼”写作的看法。

（PPT显示案例二。）

生8：我想说，首先，刘慈欣是个天才。如果让我不听课写小说，我可成不了大师。所以，刘慈欣的成功具有偶然性。其次，我想刘慈欣肯定是在工作之余写作的，并没有拖延和耽误工作，否则他会被开除。不过我还是很佩服刘慈欣的毅力的，《三体》的构想和创作绝对不是朝夕之事，一定要具备超常的热情和持久的努力，这点值得我们学习。

生9：刘慈欣的本职工作是电力工程师，不过他在电力领域籍籍无名，倒是通过《三体》成名了。这让我想到中国历史上也有很多类似的事情，如我们今天熟知的许多古代诗人、文学家，苏轼、王维、杜甫这些，他们本职都是国家官员，但我们记住的不是他们的政绩，而是诗文。国外也有很多这样的例子。所以，这告诉我们，一个人的兴趣很宝贵，说不定你就会在你爱好的领域做出成就，世上没有白费的努力。

主持人（男）：确实，刘慈欣的成功告诉我们兴趣爱好也很重要，在我们学习工作之余也要有兴趣的追求。

最后和同学们分享的是胡适的一段文字，大家请看PPT。

（PPT显示案例三。）

主持人（女）：胡适先生认为，闲暇时间对人生有怎样的影响呢？

生10：胡适认为闲暇时间如何利用在很大程度上决定了一个人未来的发展方向。我认为是这样的，一个人的精力是有限的，我们要把时间花在对于自己来说有意义的地方。

生11：在我看来，胡适的观点是，一个人成功与否，取决于他能否正确地规划和利用自己的闲暇时间。近年来就业压力增大，对于许多人尤其是毕业生而言，选择自己喜欢的职业的概率大大降低，合理利用业余时间显得尤为重要。用你的闲暇时间去做一些有意义的事情，比如说发展一下自己的特长，或许你会取得工作带不来的成就。而对于正值高中的我们来说，如果为了死读书而放弃自己的闲暇时间，不去发展自己的兴趣爱好，只把目光放在眼前的高考而非终身的话，我认为也是“小学而大遗”了。

生12：我觉得闲暇时间能否利用好，间接决定了一个人技能的多少。发展多方面的爱好及技能，能使我们更加全面。而在以后的社会生活中，也不用发愁找不到适合自己的工作，用闲暇的时间做一些有意义的事情，能有利于自己身心的发展，为自己的人生打好基础。

主持人（女）：胡适这段话是写给刚毕业的大学生的，鼓励他们工作以后要发展职业以外的兴趣，就像刚才同学说的，利用闲暇时间做有意义的事。工作上的事可能是千篇一律的，但每个人的兴趣爱好各有不同，这些爱好决定了我们千姿百态的人生面貌。

所以，规划好闲暇时间，不仅在现阶段很有必要，帮助我们劳逸结合、张弛有度，从长远的人生来看，也是必不可少的啊！既然闲暇时间这么重要，相信大家都很想知道我们身边的那些大“学霸”都在空闲时间干什么吧，下面咱们一起看访谈视频！

（众生鼓掌。）

（播放访谈视频，访谈内容包括：①个人介绍和优势。②在校期间和周末各有多少闲暇时间？是如何安排的？③你认为闲暇时间对个人有何意义？④

关于利用闲暇时间，请给同学或学弟妹提供一些建议。）

主持人（女）：谢谢年级第一还有优秀学长给我们提供的这些宝贵建议，我想接下来我会把自己的闲暇时间规划得更加充分！

主持人（男）：没错，这节课我很有收获，同学们提到的平衡学业和爱好、认真规划时间、学习和放松时都要投入等，都对我有很大启发。这节班会课的最后，请同学们拿出课前那张卡纸，来制作一份属于自己的闲暇时间规划表，作为我们这堂班会课的成果，课后付诸实践！

（背景音乐：久石让《天空之城》。）

附："闲暇时间规划表"一例（表1）

表1

周一	周二	周三	周四	周五	周六	周日
·17：20—18：00跑步 ·晚自习到教室前半小时阅读	·晚自习到教室前半小时阅读 ·晚自习和好友散步	·17：20—18：00跑步 ·晚自习到教室前半小时阅读	·晚自习到教室前半小时阅读 ·晚自习和好友散步	·晚上是放松时间！聚餐、刷剧、逛街、唱歌……	·睡懒觉、做点家务、学点新技能	·先完成作业吧。有空会写写日记，刷刷微博或公众号

主持人（女）：本节班会课到此结束！感谢老师的精心策划组织，×××同学前期的视频拍摄，以及×××现场拍照，也感谢同学们的积极参与！下次见！

三、教学反思

（一）选题初衷

时间管理是一个老生常谈的话题，刚升入高中的学生普遍面临如何规划时间的难题。我观察到，有的学生上课犯困却占用休息时间补作业，有的学生即使"开夜车"还是无法完成作业，而有的学生休息充足，作业完成质量也不错。时间规划是导致他们学习状态存在差异的根源之一。

通常，我们会比较关注一个学生"用在刀刃上"的时间，即真正学习的时间有多久、效率有多高；但是，我们会忽略他的休息放松时间，认为休闲时间是隐性的、消极的、没有意义的。事实上，学习时间和休闲时间并非正负关系，而是相辅相成的，如同中国画中的主体与留白，二者相得益彰，不可偏废。

因此，我希望引导学生们关注自己的闲暇时间，通过合理规划闲暇时间，让自己的学习更有效率，个人生活也更平衡合理。另外，我认为一堂班会课不仅应聚焦学生眼前的问题，还应该放宽视野，对学生的长远人生有所助益，所以，我在选材时有意让学生们思考闲暇时间对一个人一生产生的影响。基于以上观察和思考，本期班会主题确定为“规划闲暇时间，成就理想人生”。

（二）前期准备

班会课需要设计，否则将变成枯燥的说教。在设计过程中，我遵循了三个原则：第一，争取全员参与，班会不是班主任或个别学生代表的舞台，而是全班学生的论坛。第二，确保有所收获，班会要主题明确，能够生成相应的成果。第三，过程寓教于乐，班会本质上是团体活动，各个环节应尽量生动有趣，调动学生的积极性。

本次班会课我设计了“我的缤纷生活”“闲暇时间调查”“案例分析讨论”“我有金点子”“规划闲暇时间”五个环节。紧紧围绕主题，从提出问题到分析问题，最后形成每个人的闲暇时间规划表，课堂上开合有度，各环节都保证所有学生参与其中。

为了取得预期效果，班会课一定要提前准备，不能只凭临场发挥。设计好班会流程后，我据此做了充分的准备工作：召开班委会，提前布置班会工作，安排两名学生设计和收集调查问卷、两名学生拍摄访谈视频、两名学生担任主持人并制作PPT。只要调动起班委的积极性，他们都很乐意承担工作。此外，还可用班费适当买些糖果或小礼物，让班会气氛更加轻松。

（三）班会效果

有了前期的充足准备，班会课堂进行得比较流畅；由学生担任主持人，气氛也比较活跃。

从前期调查可知，绝大多数学生周末最多只有一天闲暇时间，通常借睡觉或读课外书度过。这个现实情况并不乐观，说明高中生比较缺乏休闲时间，也没有规划意识，过得比较随意。通过接下来的案例讨论分析，我很惊喜地看到学生们有理性的认识和深刻的见解，说出不少有价值的看法。例如，有学生谈到高考状元不仅是一场考试的状元，更是人生的状元，因为他们懂得平衡学业和爱好；有学生认为有持久热情浇灌的兴趣能够让一个人有所成就，所以兴趣非常宝贵；还有学生在胡适的文章中意识到眼光要放长远……

身边优秀校友的访谈也给学生们很大的启发和激励。他们有的积极参与学校的社团，锻炼能力、结交朋友；有的拥有坚持读书和思考的习惯，对自己感兴趣的学科保持着极大的热情；还有的非常注重心态调试，在学习上循序渐进，善于放慢节奏享受生活。

最后，每个学生都开列了自己的闲暇时间规划表。尽管有些人写得比较随意、笼统，但只要他们拥有了重视闲暇时间的意识，种下这颗种子，我想总会发芽的。

（四）待改进处

这次班会基本达到预期效果，不过还存在一些待改进处。

首先，闲暇时间这个话题对高中生而言有些奢侈，学生们显得有些无所适从。勤学苦读的观念已经深深烙印在他们心中，畅谈闲暇显得有些“罪恶”。分析案例时，不少学生最后都会提到高中一定是学业先行的，完成作业才能放松休息，而且学习的时间要占到七成。一方面，我为他们的“懂事”惊叹；另一方面，我也感到学生们好像有意在给这个话题纠偏。我想，让学生们感到更熟悉、更舒适的话题或许是学习时间管理吧，我的选题是不是可以再修正一下？

第二，学生设计的调查问卷比较简单，数据也不够充分。我认为学生们应该设计更为多样丰富的问题，以更全面地展示大家规划闲暇时间的情况，让调查更有价值，也更有说服力。

第三，班会过程中缺少学生合作环节，互动形式也比较单一，希望能增加一些朋友互助的活动，如组织一些课余活动小组，增进友谊，丰富生活，激发学生的积极状态。

最后，无论是对学生还是对班主任，班会课都是一次成长的契机，我会借班会课打磨提升自己，与学生一同进步！

【点评】

韩老师这堂课的出发点有“反其道而用之”的意味。一谈到时间管理，主角往往是学业时间，业余时间不过是调剂的配角罢了。但是，不会休息和玩耍的人，也就不会学习。学业时间和业余时间就像一幅画“图”与“底”的关系，应当是相辅相成的，没有高质量的业余时间，也就没有高效的学业时间。

这堂班会课准备充足、环节完整，前期有问卷调查和优秀学生采访，课堂上有案例分析，最后每个学生制作了自己的业余时间规划表。其中案例分析是整堂课的重头戏，学生们的思考和交流也比较深入。但是，这也导致课堂僻静，看起来像上课，而非班会，少了一些活泼的气氛，建议加入一些学生参与度更高的活动。

总体而言，这堂班会课起到了引导学生的作用，不仅有助于他们平衡当下的学业与闲暇时间，也对他们未来的人生富有启发意义，值得肯定。

时间都去哪儿了

王艳丹

王艳丹

深圳第二高级中学化学高级教师，深圳高中化学学科兼职教研员，深圳市高考先进个人，深圳市级公开课一等奖、广东省级公开课一等奖、国家级公开课一等奖和特等奖获得者，国家级课改先进个人。深圳市和广东省化学竞赛优秀教练员，连续多年获得教学金奖，发表多篇论文，参与多个省级课题。周小凡名师工作室成员，吴运来名师工作室成员，刘向名班主任工作室成员。全球职业生涯规划师GCDF和国内职业生涯规划师BCF。

一、教案设计

（一）班会背景

人的一生是有限的。可是现在学生普遍浮躁，很多学生迷失了自我，很多学生不懂得珍惜时间，特别在高三，很多学生忙而乱，不珍惜学习时间，不珍惜与父母、老师和同学相处的时间，有时间上网刷屏，没时间锻炼身体，活着没有目标、没动力、没方向，人生没乐趣、没有支点。高中阶段的学生，随着身心的发展、需要学习的知识与技能的增加、兴趣爱好的增多，很多学生都感觉自己的时间不够用，或是忙碌了一天却什么事也没做成。这在一定程度上反映了他们还没有认识到时间管理的重要性，不会有效地管理自己的时间。因此，需要教师组织学生以体验的方式感知时间管理的必要性。通过活动让学生学会合理分配学习时间，为学生提供时间管理及制订学习计划的方法和技巧。为了提高时间的利用率，每个人都应对自己的时间进行管理。基于以上情况，我们设计了本次主题班会。

（二）班会目的

通过班会活动，使学生体会到时间的宝贵，明白珍惜时间的重要性，初步掌握时间分配的技巧，培养规划时间的能力，学会合理安排时间，养成良好的学习习惯，在班级营造“分秒必争”的学习氛围。

（三）班会准备

歌曲《时间都去哪儿了》，准备长约16～18厘米、宽1厘米的小纸条若干，一日学习计划表，一个大口的透明杯子，一瓶水，一些乒乓球、细沙、细盐。

（四）班会流程

（1）重温过往，引出话题。

【设计意图】

利用听歌曲作为班会的热身，使学生体会“时不再来”的惋惜和遗憾，感受时间的珍贵，激发学生珍惜时间、合理利用时间的兴趣和动机。

（2）神奇的杯子（化学实验）。

【设计意图】

通过实物演示及时间管理坐标让学生明白，时间是可以“挤”的，做事情需要合理计划、统筹安排，也需要讲究先后顺序。

（3）“我们”的一天。

【设计意图】

通过学生、家长、教师的一天日程，让学生明白每个人都很忙，所以我们要珍惜在学校的学习时间，青春时光是最美好的，我们该好好珍惜青春的时光。

（4）纸条与人生。

【设计意图】

让学生认识到高三最后不到一年的短暂学习时间的宝贵，重点要放在学生的体验和分享上。

二、课堂实录

师：请听歌曲《时间都去哪儿了》。（同时播放班级组建一年以来的重大活动照片）

师：面对时间的流逝，每个人都会感到惋惜和无奈。但我们对时间到底了解多少？你能否管理好自己的时间呢？让我们一起进入这次心理主题班会——时间都去哪儿了。

师：同学们，这里有一只神奇的杯子，因为这个杯子装东西永远也装不满。不信的话，我就演示给大家看一看。（先取几个乒乓球放入杯中，直到放不下为止；再向杯里加入细沙，直到加不进为止；然后向杯里加入水，直到溢出为止；最后向杯里洒入一些细盐。每一步都要请学生仔细观察并询问："装满了吗？"）

师：看完这个实验你们有什么感受？

生1：杯子实验让我印象深刻。本来乒乓球已经把杯子装得满满的了，老师却又变魔术般地往杯子里加入了细沙、水和盐。

生2：这不禁让我想到，平时总觉得学习任务挺多的，时间不够用，原来这是因为没有好好地安排时间，效率也不高。

生3：正如鲁迅先生所说的，时间就像海绵里的水，只要肯挤，总是有的。（展示蘸有水的海绵，挤压）我们要利用一切可以"挤出"的时间，高效地学习。

师：看来一个小实验带给了大家很多启发。在学习和生活中我们的确需要珍惜时间、提高效率，要有计划地安排时间。当事情多、时间少时，首先要考虑如何穿插利用时间，提高效率；如果事情实在太多，就必须暂时放弃一些，以保证重点。先放乒乓球，放满了，然后加沙子，再加水，正如数学学习达到饱和了，就换语文来学习，然后饱和了就学习英语等；先放大的乒乓球就好比我们目前的首要任务是迎战高考，然后放沙子和水就好比培养兴趣和锻炼身体，正所谓抓大放小，先主后次，主次兼顾。

师：请大家讨论一下，在学校的每一天你都是怎样度过的？

（展示一天的工作。）

师：上周班会请大家回顾了一下每个人的日程计划表，现在展示一下。

××的一日学习规划

大约6：00—6：10起床
6：15出宿舍去送桶
6：30开始吃饭
6：45到班开始一天的学习
早读完后开始写今天的作业
12：20去吃午饭
12：35回宿舍刷牙、晾衣服
12：50开始写作业
13：20睡觉
13：45去上课
间隙用来写作业
18：00去吃饭和洗澡
18：30到班晚修
20：30到答疑室自习
20：45回班
22：45回宿舍
23：00做没做完的事
23：45睡觉

（补充：如果说最忙的话应该是整个晚自习（全天）都在写作业并且写不完。例如，在等早饭的时候会看手头有的笔记，吃午饭的时候有时会和谢同学互考知识点。课间基本都在写作业，偶尔打个水、去下厕所。在洗澡时可以把衣服洗了，自带被子就可以不用叠被子，还有晚上提前把值日做了，把要用的资料提前放在桌上。）

师：上周我请几位家长写了某一日的工作日程，展示一下。

××家长的一日工作日程

一个汽车维修技工的一天：

昨天晚上接到同事电话：一台由于天窗漏水而进厂维修的路虎，发现越野车在漏水故障排除后，发动机却启动不了了！而我知道，答应客户今天把车修好交还给客户的，所以，平时9点上班的我今天8点就开始上班了……

按着步骤，先用检测仪读取车辆发动机电脑储存的故障码，显示车身电脑无法接收到来自智能钥匙的信号。看来发动机启动不了的主要问题就是车身电脑没有接收到智能钥匙发射的启动授权频率。根据汽车设计原理和我们学习的物理学科知识，汽车启动过程是智能钥匙发射频率，车身电脑通过天线接收智能钥匙发射的频率信号，核对通过，授权发动机启动！有了这个理论依据，我和同事们逐一对智能钥匙和相关天线进行了检测，没有发现任何问题！现在时间已经到了中午12点，维修进入了困境：我们排查不是这些零件有故障！

同事们吃饭去了……我也胡乱吃了两口，陷入了沉思，一遍一遍地梳理我们在维修天窗漏水过程中拆卸过的哪些零件会与这个故障有关，是哪个部位没用恢复安装好......想着没拆装天窗之前车是可以启动的，会不会是我们拆装的问题呢？如果再拆装一次，需要5个小时左右的时间，而客户约好了下午5点来取车去广州办事！时间来不及啊……怎么办？

求救：我也顾不上中午朋友休息了，直接电话给在路虎4S店工作的朋友，简要说明了故障情况，朋友也无法判断是哪出了问题。接着我又找了几个维修比较厉害的师傅过来会诊，全告失败！

下午3点多了……我开始有点烦躁了！

电话响了，车主电话，询问车辆维修情况，问可否提前半小时取车……我如实和车主讲明了车辆目前的情况，车主表示曾经也有过智能钥匙打不开车门的事件！请我务必按时交车给他，约了重要事情！这时本来烦躁的我顿时流出了不安的满头大汗！

学习：打开电脑、本车型的维修手册……全英文（我没学过英语学科），对着手机翻译APP，对我们拆装过的每一条电线、每一个接头的功能进行甄别。每一个英文单词都要经过手机去翻译，所以进度非常慢！现在想想，年少时如果用心读书，可以上大学，也不至于今天这样累了吧……

嘀嗒嘀嗒，时间一分一秒地过去了……4点15分，我们拆装过的地方排查完毕，没问题！车依然无法启动！我只有对着电脑资料继续深入查未拆的部分……（我就不信我不行！我一定可以！自己给自己打气。）突然，线路图上一个英语单词映入眼帘：接地！位置在我们拆装的天窗附近，功能是给车身电脑供电，是不是这条线出了问题？马上召集同事去检查，得到回复：线头有虚脱，接触不良，现在没电！马上处理好，试启动，发动机启动成功，故障排除！车主到了，取车赴约！时间刚刚好……

总结：时间不等人，只有争分夺秒地工作，不可拖拉；学习，不分老少，任何人、任何时候都要不停地学习才能胜任一份工作；毅力，别遇到困难就泄气，要勇于面对，想办法去攻克它！

劝君莫惜金缕衣，劝君惜取少年时！

师：上周我找了一位老师写了某一日的工作日程，现在展示一下。

××老师的一日工作日程

一个教师的一天

6：22，起床：被闹钟吵醒，简单地洗漱后，轻轻地走出家门，因为这时女儿还在梦乡中，生怕把她吵醒。

6：50，乘班车到学校。

7：25，××站在教室里看早读，到班级检查卫生。

8：30，参加备课组会议，回头传达会议精神，然后在办公室里批阅作业。这学期，我教两个班级的课，一个重点班，一个普通班级，同时担任班主任和备课组长。

10：30，开始了第三和第四节课。

12：10，饥肠辘辘，去食堂吃饭，累得不会动了。

13：10，躺在办公室看学校和年级微信有何通知，一个中午没睡着。

13：50，约谈的家长到了。

15：30，开班会。

17：30，在食堂里简单地用过了晚饭。

18：50，来到了教室，进行晚自修的管理，并布置了一些学考网上报名的工作和注意事项。

19：00，答疑。

21：00，晚自修下课。

22：00，回到家，洗漱、看看新闻、睡觉。

师：有同学说时光大把，不着急，真的是这样吗？

师：现在，请大家拿出纸条，在纸条上平均画出10个格子，即平均分成10等份，在格子里依次写上1～10十个数字。这张纸条就代表着我们的人生，假设人生有100年，每一个格子就代表10年。请把你年龄前的纸条撕掉，如果你18岁，就撕掉前面一个半格子，看看还剩多少个格子。设想一下你的寿命是多少岁，请将这个数字后面的纸条撕掉。再把剩下的格子分成3等份，撕掉2/3：因为剩下的时间中有1/3我们在睡觉，另外的1/3花在吃饭、上网、逛街、打游戏等事情上面。现在，请将你手中最后剩下的纸条与桌上撕掉的纸条相比较，把高三这半年多的时间分配规划好，请大家谈谈活动的感受。

生1：一直以来，我总感觉时间对自己来说还有很多很多，趁着年轻就应该好好享受，痛痛快快地玩。可是当游戏结束时，手里的纸条变得只有一小截儿了，我才意识到原来高中三年的学习时间竟是这么一点点，我感到非常震撼。

生2：之前，我没有好好地珍惜时间，甚至没有时间管理的意识，从现在起，我要认真学习管理自己的时间了。

生3：我的一张纸撕掉了很多，剩下的很少，我的基础不是很好，所以我要紧跟着老师的讲课节奏，把之前不懂的知识尽全力捡起来，尽最大的努力来学习。

生4：高三后期很紧张，但是我把时间分为三大块，其中2/3用来学习，1/6用来陪父母，1/6用来陪外婆，我打算1月份之前主攻英语听力，2月份到4月份二轮复习，查缺补漏，4月到6月查缺补漏，最后冲刺，谢谢大家！

生5：高考时间很紧张，我要好好珍惜最后的复习时间，同时我要活到老学到老，我计划大学双修，然后40岁辞职，做自己喜欢的事情，谢谢大家！

师：从刚才的活动中我们不难发现，100年看起来很长，但其实真正用来学习的时间却非常短暂。时间是有限的，请好好反思一下自己平时用于学习、课外活动、娱乐及休息等各方面的时间是否分配得当。接下来，我们一起来学习管理时间的方法。

一位清华大学学生对高中生的建议

（1）偏科问题。

（2）永远不要说你已经尽力了。

（3）怎么学好高中的课程？

（4）怎样挤时间？

（5）给自己找压力。

（6）如何面对情感问题？

（7）不要抱怨老师不好。

（8）好的身体是一切的本钱。

（9）一些学习的小技巧。

附：

清华校长的观点

未来：方向比努力重要，能力比知识重要，健康比成绩重要，生活比文凭重要，情商比智商重要！

师：请大家谈谈这次班会课的活动感受吧。

生1：通过这次班会，我发现自己在学习和娱乐方面的时间安排都不太合理，很多时间都白白浪费了。我这次制定的“一日计划表”十分清晰，相信只要自己坚持实施，一定会取得好成绩。

生2：时间就像海绵里的水，只要愿意挤总是有的，高三不努力人生就会留下遗憾，没有经过高三洗礼的人生是不完美的。

生3：在珍惜学习时间的同时，要舍得花点时间锻炼身体，身体是革命的本钱，身体是1，其余都是0。（有时间可以去查一下复旦大学教师、癌症患者于娟的《生命日记》。）

生4：合理分配时间，不要盲目枯燥地学习，要多参加集体活动，多培养自己的兴趣爱好，这样人生才会有支点，如有的同学会折玫瑰花、设计板报、书法等，有的同学会吹拉弹唱，培养一点兴趣爱好人生就会多一个支点。

生5：珍惜学习时间，也要珍惜与父母相处的时间，我们越来越大了，回家的次数越来越少了，我们哪个不是父母一把屎一把尿地拉扯大的；也要珍惜与老师相处的时间，老师是这个世界上唯一与自己没有血缘关系，但是真心实意希望我们变得更好的人；更要处理好同学关系，新东方的俞敏洪在大学期间毫无怨言地为大家打水三年，在新东方遇到困难之时，一挥手，他的同宿舍兄弟立刻回来加入了新东方，但是那个每周自己独自享用6个苹果的人没有被批准加入此团队，所以说同学关系不好以后也很麻烦。

师：我们在游戏和活动中共同体验了时间的珍贵，感受到管理时间、规划生活的重要性，也学习了不少时间管理的方法和技巧。昨天匆匆而过，给我们留下了很多遗憾，今天的24小时正在进行着，但也即将过去。你们未来怎样把握时间，全凭自己的安排。同学们，让我们从现在开始，把握好自己的时间，做时间的主人吧！

师：希望大家脚踏实地，一步一个脚印，珍惜学习时间，合理分配时间，向时间要效率，早日实现自己的理想！让我们一起来吟诵陶渊明《杂诗》中的四句经典名句：

盛年不重来，
一日难再晨。
及时当勉励，
岁月不待人。

三、班会反思

通过这节班会，班级纪律有了明显改善，学生能够严格按照自己的计划学习，学习成绩也有所提升。但是有的学生过于心急，每天计划的学习内容太多，超出了自己的能力范围，给自己造成了很大的心理压力。经过一对一的谈心，这种情况有所缓解。当然，让学生学会珍惜时间只依靠一节班会课还远远不够，班会过后，教师需要时时提醒，对做得好的学生加以表扬，让做得不足的学生可以有所借鉴。虽然我设计的班会主题是时间都去哪儿了，但实质上我穿插了很多我的教育理念，如在好好学习的同时，要处理好与父母、同学的关系；讲解俞敏洪因为同学关系好，在新东方遇到困境时，很多远在海外的同学伸出了援助之手；讲到我们现在珍惜时间学习，不仅是为了实现财务自由，更是为了实现灵魂的自由。热映的电影《七十七天》的主人公之一蓝天坐在轮椅上，虽然大小便失禁，但她很坚强乐观，她曾经说过："人生能有多少天是按照自己的想法活着？有些事当下不做就晚了，有些路今天不走就迟了。"我想说，当下你不好好珍惜时间，将来你就后悔了。

教育是一种慢的艺术，我们要给学生充足的时间和空间，让他们慢慢地体验，慢慢地长大，教育不是靠一节班会课就能解决所有问题的，但是我愿意去尝试，使学生发生积极的改变。

【点评】

王老师设计的此次班会包括四个环节：热身活动、神奇的杯子（化学实验）、"我们"的一天、纸条与人生，通过学生、家长和老师的一天日程，让学生明白每个人都很忙，所以我们要珍惜在学校的学习时间，青春时光是最美好的，我们该好好珍惜青春时光。班会课形式朴实，内容都真实、接地气，用来自于生活的鲜活素材、富有情境性的活动引导，学生的收获是丰富的、扎实的。

寻找战胜挫折的力量

王彦娟

王彦娟

王彦娟，女，本科学历，中一职称。有多年班主任经验，多次获得优秀教师荣誉称号，2011年9月，获得广东省河源市源城区优秀班主任荣誉称号，2020年11月，获得河源市青年教师教学能力大赛市直选拔赛小学道法组一等奖。王彦娟的教育理念：教育的艺术不在于传授知识，而在于激励、唤醒和鼓舞。

一、教案设计

（一）背景分析

学生们年纪尚小，在家庭中享受着来自父母及长辈们的关爱，对于他们而言，周围充溢的是爱，是温暖。因为年少，他们对现实没有充分的感知，学习和生活都过于平稳，因而一些学生在经历挫折时往往情绪波动较大，这不仅不利于学生的身心健康，从长远来看，对其将来的学习和生活也将产生不可预测的影响。因而，寻找战胜挫折的力量，塑造学生强大的内心世界，显得尤为重要且必要。

（二）班会目的

（1）引导学生清晰地认知自我，认清生活中必然存在挫折的现实。

（2）培养学生抵抗挫折的能力，鼓励学生战胜挫折，激发学生潜能。

（三）前期准备

（1）体验“小鸡成长游戏”。

（2）引入诗歌朗诵。

（3）对抗挫折游戏。

（4）教师讲授爱迪生的故事。

（四）班会流程

（1）游戏引入，体验挫折：学生体验“小鸡成长游戏”。

【设计意图】

通过游戏轻松引入，带动课堂氛围，营造良好的师生互动氛围。同时在游戏中让学生身临其境地体验挫折，进而为下面的活动做好情感的铺垫。

（2）述说与聆听。

① 请学生谈谈游戏的体验。

② 请学生分享学习和生活中的挫折体验。

【设计意图】

展示学生在学习生活中遭遇到的误会、挫折、困难，引起学生共鸣。通过回忆挫折与失败，让学生们真切地感受生命中的挫败感。

（3）寻找战胜挫折的勇气。

① 教师讲授爱迪生的故事。

② 欣赏诗朗诵《在挫折中铸就精彩的人生》。

【设计意图】

让学生明白人的潜能是无限的，当挫折降临的时候，最重要的武器不是眼泪，不是逃避，而是坚定的自信和无畏的勇气，唯有如此，我们才能战胜挫折，甚至实现自我超越。

（4）收获战胜挫折的力量。

游戏规则：①首先，估计一下你每分钟能拍掌的次数，写在稿纸的左边；②然后，以你最快的速度，尽你最大的努力拍掌，同时在心里默默地记下次数。老师喊开始的时候你们迅速击掌，10秒钟后，老师喊停，立刻停止。③最后，在稿纸的右边记下你刚才拍掌的次数，再乘以6，得出你1分钟实际能拍掌的次数。④对比左右两边的数字，谈谈感受。

此游戏可以分两步进行，第一步是学生独立完成，第二步是有一名学生给他加油鼓励。

【设计意图】

当学生们在心理上认可了挫折可以战胜的时候，再以切身的游戏体验证明这一切并非妄言，而是可以做到的，引导学生进一步认可挫折可以战胜，从而更加坚定信心，真正收获战胜挫折的力量。

（5）朗诵升华，总结课堂。

集体朗诵《在挫折中铸就精彩的人生》（作者：梁喜强）。

在人生的道路上不可能一帆风顺，难免会遇到很多挫折，我们应该勇敢地面对挫折，不要轻易被挫折打倒，我们要用自己的信心和胆识，要用自己的智慧和力量去战胜挫折。当挫折来临的时候，不必害怕，不必胆怯，不必伤心，不要让挫折成为人生的绊脚石，只需拿出自己的勇气和耐心，把挫折狠狠地踩在脚下，使之成为垫脚石，从而为自己铺就一条幸福的道路，也为自己铸就精彩的人生！

挫折是人生的炼金石，有人在挫折中跌倒，也有人在挫折中成长；有人在挫折中退步，也有人在挫折中前进；有人在挫折中失败，也有人在挫折中成功；挫折使人变得软弱，挫折也使人变得坚强。一次又一次的挫折，告诉自己一次又一次地站起来；一次又一次的挫折，也造就了自己的强者人生！

挫折更是走向人生的智慧，是挫折教会了我们在磨难和痛苦之中，要不断地成长，不断地学习，不断地进步，不断地汲取知识，不断地吸取教训，不断地汲取经验，不断地改变自己，不断地修炼自己，不断地完善自己，不断地感悟人生，不断地丰富人生，不断地成就人生！

无论遇到什么样的挫折，都把它当作人生的一种考验，要学会与挫折为伴，在岁月中搏击风浪，经历考验，为自己奠定基础，谱写出多姿多彩的人生。在挫折中，携一颗宽容淡定、坚强豁达的心，一路上，笑看美丽的风景，笑看喧嚣的红尘；一生中，笑对残酷的现实，笑对无悔的人生。用一颗阳光的心去面对寒冷的冬天，用一颗快乐的心去度过艰难的日子，用一颗宁静的心去品味生活的美好，从而在挫折中铸就精彩的人生！

【设计意图】

通过集体朗诵，充分调动全体学生的情绪，将本堂课上的所思所感沉淀下来，将课堂推进到最高点。

二、课堂实录

片段一

师：同学们，我们先一起来玩一个小游戏，这个游戏的规则是用肢体语言代表小鸡成长的四个阶段，分别是“蛋—刚出壳的小鸡—单腿鸡—鸡”四个阶段。所有同学抱膝蹲下围成一圈，做“蛋”状，用“石头、剪刀、布”两两对决，胜利的成长一级，失败的后退一级。长成成年鸡后退到边上观看别人的成长。在成长的过程中，每个人根据其他人肢体语言表现的成长状态，寻找和自己处于同一阶段的进行两两对决，胜利的成长，失败的后退。最后等我喊停的时候，我们就停下比赛。好不好？

生（异口同声）：好！

（学生参与活动很积极，课堂氛围很好。）

师：下面我想请一直在“蛋”的状态和变成“单腿鸡”以后又被打回“蛋”的，以及最终变成“鸡”的三类同学代表谈谈体会。

生：我一直都是“蛋”，我觉得自己好弱啊。我以后不想玩这个游戏了。

生：我刚才心情本来很好，因为我顺利地成了“单腿鸡”，我还领先了一些同学；但后来因为猜拳失败，又回到了“蛋”的状态，那个时候心情就不好了，话也不太想讲。

生：我最终变成了“鸡”，挺开心的，但是我觉得就算没有变成“鸡”也没什么，这不过是一个游戏而已。玩游戏的话，玩得开心就好了。

师：首先我们感谢三位同学的分享。同学们，从“蛋”到“鸡”的过程，在我们看来是多么简单呀，但最后却还是会有人变不成“鸡”。生活中有时也会出现这种情况，我们努力想要达到一个目标，最后却没有达成，我们会难过，会退缩，但退缩是解决不了问题的。

片段二

师：爱迪生的一生先后实验7600多种材料，失败过8002次，但他没气馁，最终获得了成功。一次，一场大火把所有的材料全部烧光了，连他的老伴都以为他会从此一蹶不振，谁都没想到他会说，“我才67岁，我还不老，从头开始还不晚”。通过此故事，你能悟出什么道理？从小到大，你遇到过哪些挫折？你是怎么克服的？请你说出关于克服重重困难，最终获得成功的典型案例。

生：在上次期中考试中，我每一科目都没及格，我每天不迟到、不早退，按时完成作业，我每天都很努力，为什么我的成绩就上不去呢？我还为此痛哭流涕，情绪低落，更加破罐子破摔，跟爱迪生对比，我忽然觉得我的努力还不够。我每天貌似很努力，其实很多时候是出工不出力，课堂上经常会走神，没有很好地集中精力，课后作业也没及时订正，学习不求甚解，导致考试成绩不佳。爱迪生失败那么多次都没有放弃，我有什么理由放弃呢？失败并不可怕，可怕的是被失败打倒，从此以后我不会颓废下去，我要逐步克服困难，争取学习上的大进步，请老师、同学们监督我吧！

生：我刚开始学习画画的时候，怎么也画不像，一次又一次地失败，我气急败坏地把画稿撕掉，发誓再也不画画了，后来妈妈用达·芬奇画鸡蛋的故事来激励我，于是我也每天从鸡蛋等简单的物体开始画，坚持画好一个简单的物体，然后再逐渐画难一点的，通过坚持不懈的努力，最终我取得了成功，期末我的画作也被评为一等奖。

生：我的脚扭伤了，疼得我嗷嗷叫，听老人说伤筋动骨要100天，正好我不想去学习，所以我就想以这个为借口不去学校，在家可以玩手机，可以看电影，我的人生简直不能再这么爽歪歪了。最后还是架不住老妈的苦口婆心，架不住老师的鼓励与同学们的帮助，我只能咬着牙，坚持来学校上课，功课最终没有被落下。我感谢在关键时刻站出来的父母、老师与同学，是他们帮我找到了克服困难的勇气。

生：公元前494年，越王勾践卧薪尝胆，战胜重重挫折和逆境，最终打败了吴国，勾践能忍辱负重，最后获得了成功。

生：王洛宾一生坎坷，曾经深陷囹圄，妻离子散，他在极其恶劣的环境中，创作出民歌《在那遥远的地方》，成为经典歌曲被广为传唱。

师：同学们都讲得非常好。纵观历史，凡成就大业者，都不是一帆风顺的，都是战胜无数困难才逐步走向成功的。反败为胜至关重要的是找到战胜困难的勇气。有人说，在失败面前，选择面对你只需要一秒，选择放弃你将穷尽一生。那么，在今后的学习和生活中，如果你遭受失败或者挫折，请首先学会面对，学会倾诉，把它写在这张稿纸上，然后我们好好地保存这张稿纸。每次想到这张纸，你就会寻找到战胜挫折的力量！请同学们互相击掌鼓励彼此，为我们的伙伴加油，一起喊出我们的心声吧：你的挫折，有我的激励；你的成功，有我的支持！

三、班会反思

优点：在学习生涯中，一定会有泪水与汗水的交织，理想之帆在驶向胜利彼岸的过程中，总会遭遇风雨，但是正如只有泥泞的道路才更容易留下跋涉者的脚印，只有经历破茧而出的涅槃才有成蝶后的翩翩起舞，只有在逆境中奋起的人，才能最深刻地体会到成功带来的巨大喜悦。很多学生都曾经因为学习成绩不理想而放弃过理想，作为教师要鼓励他们战胜挫折，发掘潜能，找到战胜挫折的力量。

不足：内容显得有点散，学生互动环节过多，教师总结提升略显不足。

【点评】

"战胜挫折"是学生在成长中必须学会的能力，本节班会在形式有讲究，内容上富有感染力。故事与游戏都选得很好，具有典型性和鼓动性，课堂能注重体验性，引导学生在自我感知的基础之上提升能力，收获成长。

第五章

携手战未来　文化巧氤氲

我心目中的班集体

叶 俊

叶俊

叶俊，男，化学中级教师，从教14年，担任班主任工作11年。曾获第四届全国实验区高中化学新课程实施成果教学案例类教学课件一等奖，第五届、第六届全国实验区高中化学新课程实施成果教学案例类教学录像二等奖。教学论文《关于化学探究性实验在化学教学中的思考》在广东省化学新课程优秀教学论文评比中获一等奖。“化学平衡常数”在全国基础教育化学新课程实施成果优质课（教学录像）中获二等奖。曾获高中化学素质和实验能力竞赛“优秀教练员”称号。参加广东省高中学生化学竞赛荣获深圳市优秀教练员奖。2014—2015、2016—2017学年度荣获深圳市第二高级中学优秀班主任、2016—2017学年度教书育人银奖。

2012年，参加广东省中小学心理健康教育C级培训。2016年，参加广东省中小学心理健康教育B级培训。2013年6月，在北京大学参加中学骨干教师综合能力提升高级研修班（第一期）学习。2014年10月，参加全国中小学德育纵深发展与班级管理质量提升主题研讨会学习。2017年6月，在东北师范大学参加骨干教师综合能力提升高级研修班学习。

一、教案设计

（一）班会背景

我校开展“三实”德育活动，各班级结合本班实际，以问题为导向开展相关主题班会课，形成标杆，为主题班会系统化助力。本班作为高二阶段的班级，在班级凝聚力提升和学习氛围的营造上有迫切需求。

（二）班会目标

（1）从激发学生信心出发，加强常规管理，严肃纪律，营造班级灵魂。

（2）引导学生正确认识自我，规范自我行为，激发学习兴趣，增强班级凝聚力。

（三）班会准备

（1）班级集体照片和学生生活笑脸照片。

（2）自编自拍音乐MV：水木年华——《中学时代》。

（3）男女主持人各一名（莫凡聪和郑钧）。

（4）主持稿。

（5）调查问卷（52份）。

（6）阅读与感悟———《野雁的感觉》。

（7）录制教师代表和学生代表采访视频。

（8）班会课课件。

（四）班会流程

1. 温暖青春，步入情境

播放学生自制MV。MV中包含元素有：班级文化、运动场跑步、篮球场打球、早自习早读、相约去图书馆、在班级学习、学生们课间嬉闹、学生学习照片、学生生活笑脸照、各科任教师生活照。

【设计意图】

水木年华——《中学时代》唤醒学生中学时代的记忆，用在校园中点滴生活与学习，激发他们内心对集体生活的向往与憧憬。歌曲旋律柔美和谐，配合在校园中班级的各种元素，营造出良好班级氛围，引导学生进入下一环节。

2. 阅读感悟，由物及人。

《野雁的感觉》阅读与分享。

问题设计：假如你是一只掉队的大雁……

【设计意图】

《野雁的感觉》这个故事，让学生们讨论交流，认识团队，理解团队的重要性。结合我们平时在班集体中的生活与学习，我们更深地得出雁行理论的启示：①与拥有相同目标的人同行，能更快速、更容易地到达目的地，因为彼此之间能互相推动。②如果我们拥有像野雁一样的感觉，我们会留在队里，跟那些与我们走同一条路，同时又在前面领路的人在一起。③轮流从事繁重的工作是合理的，轮流担任与共享领导权是必要及明智的，对人或对南飞的野雁都一样。④如果我们拥有野雁的感觉，我们将像它们一样互相扶持。⑤如果我们与雁鸟一样聪明的话，我们必定也知相互扶持，不论在困难的时刻或在平顺的时候。

3. 深味细思，心知其然

（1）引导认知“木桶效应”。

（2）问题讨论：①来到新集体你最先认识谁的？怎样认识的？②为什么班集体是我们成长的园地？班集体有什么作用？③我们期待怎样的班集体？④优秀班集体要必备哪些条件？⑤对构建和谐同学关系有什么金点子？如何打造师生关系？

（3）播放采访视频。

【设计意图】

引导学生明白个人与集体之间的关系，摆正个人的位置，在温暖的情境中获得自我的归属感，认可并接纳集体，形成为集体努力付出的主动意识。

4. 凝心聚力，共创未来。

（1）采访老师、同学们心目中的班集体的样子。

第一部分：本班级老师。

第二部分：非本班老师。

第三部分：班级同学。

（2）班主任总结。

【设计意图】

对于一个班级来说，如果每一个人都能学会给别人带来温暖是多么美好的一件事情。对本班级老师、一大部分班级同学、班主任三类对象进行现场采访，可以了解老师、同学们的真实想法，同时将班会课推向又一个高潮。

二、班会实录

主持人郑钧：亲爱的校领导、老师、同学们，大家下午好！

主持人莫凡璁：欢迎大家莅临本次高二（1）班参加“我心中的班集体”主题班会活动。

主持人A：我是高二（1）班的莫凡璁。

主持人B：我是高二（1）班的郑钧。

主持人B：你觉得我们班里最喜欢上课插着口袋的人是谁啊？

主持人A：那还用想吗？肯定是我们那雷厉风行、兢兢业业、教导有方、精心安排这次班会的叶老师。

主持人B：不对，还得加上，俊美洒脱，不同凡俗，英俊潇洒，玉树临风。如此优秀的一位老师，赶紧有请他登场吧！（全体鼓掌）

班主任叶老师：这节班会我们的主题是“我心中的班集体”，我这几天也想了想，首先应该从集体出发！这里有3幅图片，哪幅图片最能令你联想起集体这个概念？

全体学生：第三幅。

班主任叶老师：那为什么是第三幅？

全体学生：（讨论回答）整齐、美观。

班主任叶老师：我们都认为第三幅图片最像集体。那么，什么是集体呢？这里有2幅图片，是我们班级的运动会合照，一张正面，一张背面。我认为集体是一个有组织的群体。

班主任叶老师：集体具有什么特征呢？

全体学生：（讨论回答）和谐、团结、凝聚力……

班主任叶老师：我们都认为第三幅图片最像集体，那么集体一定有其独有的特征。①有共同的奋斗目标的组织机构。②有规章制度和纪律约束。③有正确的舆论及成员之间的相互协作。班级舆论以及同学们的相互协作是最重要的。

班主任叶老师：讲完这个集体概念，我还是把时间交给主持人。

主持人：我们先来听一首由我们班级同学自编自拍的一首MV——《中学时代》。

音乐响起，全班惊讶、哗然，掌声一片！

水木年华——《中学时代》

制作：廖蓓

演员：宣泽鑫、王子悦、徐嘉璐、胥勤、杨妙静、陈恒吉

穿过运动场　让雨淋湿　我羞涩的你　何时变孤寂

躲在墙角里　偷偷地哭泣　我忧郁的你　有谁会懂你

爱是什么　我不知道　我不懂永远　我不懂自己

爱是什么　我还不知道　谁能懂永远　谁能懂自己

穿过运动场　让雨淋湿　我羞涩的你　何时变孤寂

躲在墙角里　偷偷地哭泣　我忧郁的你　有谁会懂你

爱是什么　我不知道　我不懂永远　我不懂自己

爱是什么　我还不知道　谁能懂永远　谁能懂自己

把百合日记　藏在书包　我纯真的你　我生命中的唯一

主持人B：同学们觉得刚才的短片精不精彩？

全体学生：精彩！

主持人B：想必也给同学们带来不少惊喜！下面我来给大家讲一个故事吧！

野雁每年要飞行好几千公里，光是一天内就可以飞越几百公里的距离，真是人间的一大奇观，而它们就靠随时不断的互相鼓舞来到达目的地。野雁的叫声不但热情十足，而且给人以精神鼓舞……

当每一只雁鸟展翅拍打时，其他雁鸟立刻跟进，整个鸟群抬升。借着V字队形，整个雁群比每只雁鸟单飞时，至少增加了71%的飞行距离。

当一只野雁脱队时，它立刻感到独自飞行时迟缓、拖拉与吃力，所以很快又回到队形中，继续利用前一只鸟所造成的浮力。

当领队的野雁疲倦了，它会退到侧翼，另一只野雁则接替其飞在队形的最前端。飞行在后的野雁会利用叫声鼓励前面的同伴来保持整体的速度，继续前进。

当有一只雁生病或受伤时，其他两只会由队伍飞下来协助保护它，直到它康复或死亡为止，然后它们自己组成队伍开始飞行，努力去追赶原来的雁群。

下个秋天，当你见到雁群为过冬而朝向南方，沿途以V字队形飞行时，

你也许已想到某种科学家论点已经可以说明它们为什么如此飞。

主持人B：听我讲完的这个故事，大家应该也有所感悟，摸索出你脑海中曾出现的记忆，联系这个小故事，想想小时候第一次听到这个故事的感觉。经过了这么多年，一个小小的故事也许早已变味，可是长大了的我们却拥有了更加全面的看法，再一次走进故事，请同学们回答下面几个问题。

假如你是一只掉队的大雁：

（1）你的心情会怎样的？你会怎么做？

（2）回到雁队，你认为情况是怎样的？

（3）好的雁队是怎样的？

（4）假如追不上，你的情况会怎样？

主持人B：我给大家1分钟讨论时间，然后请同学们说对上面四个问题的看法？

（教室里学生们前后左右交流讨论，气氛相当认真、激烈。）

主持人B：第一个问题请杨妙静同学回答。

学生杨妙静：假如我是一只掉队的大雁，我的心情会很失落。掉队啦！我会想起跟朋友或同学去玩，走丢了，父母肯定会非常担心，来找我，而我自己也非常急切地盼望能回家。

主持人B：（鼓掌）感谢杨妙静同学。第二个问题请夏新贺同学回答。

学生夏新贺：如果我是一只掉队的大雁，我会想回到雁队。我觉得这个问题可以从两个方面来回答。对于雁队来说，它们会迫切希望我出现，担心我的情况，当我回到雁队时它们应该会非常开心。对于我自己来说，因为我掉队了，而且很久了，我应该很疲惫，很焦虑，很着急，我会很想回到我的集体。

主持人B：（鼓掌）感谢夏新贺同学，我们的集体有夏新贺同学这样的成员，相信大家一定觉得很开心。下面第三个问题请徐嘉璐同学回答。

学生徐嘉璐：好的雁队就如同好的集体，首先要有一个聪明、智慧的引导者；其次要有一定的组织纪律和团结协作精神。更关键的是要有像我们这样一群人。

主持人B：（鼓掌）感谢徐嘉璐同学，是的，我们高二（1）班就是这样的集体。下面第四个问题请陈恒吉同学回答。

学生陈恒吉：从刚才的故事可以看出，大雁掉队会非常吃力，这样存活率会很低。当处于团队中，在他人的鼓励和帮助下就可以存活下来。作为一个独立的个体，虽然很多事情必须要靠自己完成，但是如果能够得到集体的帮助和协作会更轻松、快乐。这样更能体会出在团队中相互帮助的重要性。

主持人B：（鼓掌）感谢陈恒吉同学。这个故事告诉我们，一个团队成功的主要因素当然是团结。更关键的是团队中每位成员要相互扶持。就像当初我们在录制视频时朱祺锋同学说，在一个班集体中，不论男生间还是女生间，我们都要有爱。故事讲完了，下面请主持人莫凡骢谈一个理论。

主持人A：那么我们进入第二个环节——个人与集体的关系。每一个人都要生活在集体之中，无论是学习、工作、生活、娱乐，每个人都离不开与他人的接触与合作。个人与集体，就像鱼儿离不开水，鸟儿离不开林一样。我接下来要讲一个理论知识——“木桶效应”。

（打开PPT，给学生看几幅图片。）

主持人A：假设每个小组都有一个木桶，请分组讨论一下，怎样才能让我们小组的木桶装最多的水？取决于什么呢？请大家分组讨论30秒。

学生A：有很长的木板，但没有短的木板。

学生B：木板长度很平均。

主持人A：同学们讲得很好。著名的“木桶理论”结论是一个木桶装水量的多少，取决于长度最短的那一块木板。同学们有没有想过，我们的班集体就像是一个木桶呢，而你自己，究竟是这个班级里的哪一块木板？你又想成为哪一块木板？

主持人A：木桶是由一块一块木板拼接而成的。对于我们班级，这个木桶就是由我们52个人组成的，是独一无二的。对于我们个人而言，你想成为哪一块呢？你的长、短有多少呢？我们应该发挥我们的长处，尽力补充我们的短处，这样我们将能装更多的水。“流沙不能聚成塔，建材的团结才能建起巍峨的大厦。”我们要努力增强班集体的凝聚力。

主持人A：跟大家分享“木桶效应”，是让我们更好地处理个人与集体的关系，发挥我们长处，弥补我们的短处，要努力增强班集体的凝聚力。下面有请主持人郑钧进入第三个环节，大家鼓掌欢迎。

主持人B：（鼓掌）我们进入第三个环节，谈谈你对集体的期望。

（顿时，学生们七嘴八舌开始热烈地讨论。）

主持人B：第一个问题请范运卓同学回答。来到新集体你是最先认识谁的？怎么认识的？

学生范运卓：我最先认识的同学是我班的何胤儒，因为他长得很像我的一个小学同学，而且后来我们又分到同一间宿舍，就这样认识并成为朋友啦！

主持人B：（鼓掌）相信你们的感情一定很好吧！下面我们来看第二题。第二个问题请朱祺锋同学回答。为什么班集体是我们成长的园地？班集体有什么作用？

学生朱祺锋：班集体将我们容纳在里面，大家在这三年中可以共同成长、相互帮助，遇到困难可以一起面对，从而一起去度过。总的来说园地就像是高中三年成长的基础。在好的班集体中，首先能营造良好的学习氛围，促进学习，调动学习积极性；其次同学之间比较团结、互助，对培养集体意识很有帮助。而且我们会更努力，还会形成良好的竞争意识，大家都会越变越好，也是为我们将来打基础。

主持人B：（鼓掌）我们期待怎样的班集体？第三个问题请何从颖同学回答。

学生何从颖：同学们都积极向上，班级像一个大家庭。男生与男生、女生与女生、男生与女生相互帮助、相互友爱。在各种活动中能拿到很多奖励或奖状。最后成绩能超过（12）班。

主持人B：（鼓掌）我们班要成为优秀的代名词，希望班级能这样发展下去。第四个问题请郑剑豪同学回答。优秀班集体要具备哪些条件？

学生郑剑豪：优秀班集体要具备以下几个条件：①要具有良好的班风、学风，这是优秀班集体的基础。②要有一个优秀的班主任，就像我们叶老师，是我们班的灵魂人物。③要有优秀的班干部，是优秀班集体的执行力量，也是组织的核心。④最后是师生要和谐相处，特别是学生与学生、老师与班主任之间关系要融洽。

主持人B：（鼓掌）对构建和谐同学关系有什么金点子？如何打造师生关系？第五个问题请皮孟龙同学回答。

学生皮孟龙：构建和谐同学关系是相互的，相互影响、相互作用。你用什么态度对待他人，他人也会用什么样的态度对你。师生之间应该相互平等、相互尊重。学生要尊重、体谅老师的难处，老师应该包容、理解学生的难处，以及为学生解决问题。

主持人B：（鼓掌）感谢皮孟龙同学！为了更深入地了解我们班级同学的

想法，我们做了一个问卷调查，下面有请主持人莫凡骢。

主持人A：在上周我们做了一个问卷调查，为了更好地了解大家想法，也为了增进我们之间的相互了解。共发放52份问卷调查，收回52份，回收率100%，数据真实。

问卷调查：

（1）你最崇拜的人是谁？为什么？

（2）你最讨厌的人是谁？为什么？

（3）我们班同学在课余最喜欢的活动是什么？

（4）我们班同学闲聊的主要话题是什么？

（5）我们班给你印象最好的地方是什么？印象最不好的地方是什么？

（6）关于班风，你最想对班主任说的话是什么？

（7）你觉得自己的班有什么和外班不一样的地方？

（8）我们班最让你骄傲的是什么？

（9）哪位任课老师你最喜欢，为什么？

（10）你听过外班同学评价我们班吗？他们说什么？你赞成吗？

（11）你期待的班集体是怎样的？

主持人A：我是整理调查问卷的负责人。昨天我一页一页地给大家汇总，看得出来笔笔都发自真心。看得我内心想笑，却又想哭，那是因为这都是同学们内心的真实写照，也给我的内心灌了满满的一次心灵鸡汤。汇总是非常非常枯燥的，但是我还是认真地汇总并汇报。由于时间关系我们挑几个大家感兴趣的问题汇报吧！

全体学生：我最崇拜的人是谁？

主持人A：达·芬奇、叶俊老师、方昆东老师、小莫班长、丁棒同学……我也在想为什么同学们崇拜、喜欢这些人呢？

学生A：喜欢就是喜欢，没有什么理由。

主持人A：接下来我们要听哪一个问题呢？

全体学生：我们班同学闲聊的主要话题是什么？

主持人A：八卦、游戏、测试、作业好难、作业做完没、吃什么……

全体学生：（嬉笑）……

主持人A：接下来我们来分享一下一个核心的问题，也是我们这节课的主题。你期待的班集体是怎样的？俗话说：有期望就有希望啊！大家想不想？

全体学生：想。

主持人A：我希望我的班级积极向上，轻松压过重点班，像家一样团结，学习第一，卫生好一点，有良好的秩序，个性鲜明，制定明确班级目标，放学快一点，有纪律观念收放自如……

主持人A：一个良好的组织集体离不开铁的纪律和良好秩序，我想我们心中都有一杆秤，所以我希望我们做的这个小调查，不仅是对我们高二（1）班班级情况的评估，也是我们之间增进了解的机会。今天我在这里做的简单汇报和反馈，希望能给大家提供一些信息。在形成良好团队之前，这是我们需要做的、需要了解的，这也是我们缺少的，更是我们大家需要维护的东西。问卷调查跟大家分享到这里，谢谢大家！

（全体学生鼓掌！掌声一片！）

主持人B：莫凡骢啊，你觉得一个好的集体最重要的因素是什么？

主持人A：我觉得吧，一个好的集体当然要有英姿飒爽的领导者，要有经得住风吹雨打、要有担当同学们，更要有饱读诗书的才子，还要有君子好逑的窈窕淑女，当然少不了多才多艺的鬼马精灵……这些我们都有啊！你看我们有英姿飒爽的叶老师，有经得住风吹雨打的担当夏新贺，有饱读诗书的仇思源，还有君子好逑的窈窕淑女陈敏如，当然少不了多才多艺的鬼马精灵杨妙静啦！这是多么好的一个集体啊！

全体学生：（鼓掌！掌声一片！）

（电脑PPT上滚动播放班级集体照片和学生生活笑脸照片。）

主持人B：既然这样我们是不是应该请这样一个既成功又帅气的领导者，我们的叶老师出来好好讲几句啊？

主持人A：在叶老师说之前，我们先来看采访视频。

第一部分：本班级老师

语文老师崔宁靖：我心目中的班集体首先是有凝聚力、非常有爱的集体；其次是非常活泼、阳光、积极向上的班级。我觉得我们（1）班就是这样的班级。

物理老师方昆东：作为一个集体主要是要有相互学习和交流的氛围。在目前信息技术、互联网这么发达的时代，我们在家里也可以学习。那么现在我们之所以要来学校学习，就是因为我们是一个整体，要把集体的效益发挥出来。

英语王峥老师：我心目中的班集体应该是非常有凝聚力的团队，收放自如、张弛有度。（1）班有一个很好的班主任，也有一个很好的班长，孩子们都不错。希望（1）班能在叶老师，班长莫凡骢、郑钧同学的带领下蒸蒸日上。文明其精神，野蛮其体魄，最后在高考中取得胜利。

化学叶俊老师：我心目中的班集体是“N+1”模式，1代表组织者或者是班主任，N代表一群活泼可爱、积极向上、团结互助的学生。班级外围有强大的家长们配合、支持和信任，内在靠学生们的独立自主。

数学陈红明老师：我认为一个好的班集体首先班风要正，同学之间团结互助，每个同学都认真遵守校纪班规；其次学风要浓，学习态度端正，每个同学都是积极向上的，为了这个共同的目标大家一起努力。

第二部分：非本班级老师

钟贞老师：学风好，整个班级有凝聚力。集体活动时，全班同学都非常积极踊跃地参与，并且大家都有集体荣誉感。

马睿东老师：有凝聚力，然后班级同学要有爱心，能够把班级当成自己的家一样。

吴振兴老师：我心目中的班集体，所有同学为了一件事情可以拧成一股绳，能够努力把这件事情做到最好，尽自己的全力去做。

施勇老师：我心目中的班集体是大家能和睦相处，珍惜在一起的美好时光。

董正林老师：其实我认为就8个字——静若处子，动若脱兔。这句话有两个含义，第一层含义是同学们能够静下心来学习，学校的校运会、体育节、艺术节、阳光长跑、假期社会实践活动能踊跃去参与。第二个层含义是同学们要有很好的控制力，该静的时候能静下来，该动的时候能动起来。

第三部分：班级同学

周然同学：互助互爱。

吴洋同学：团结和睦。

黄文杰同学：个人素质很重要，特别是一些个人习惯不好的同学，要能够展现出高二（1）班正常的素质水平（哈哈哈），另外希望我班的学习环境越来越好。

宣泽鑫同学：充满正能量。

仇思源同学：应该学习成绩好，大家在一起每天都过得非常开心快乐！

马炜杰同学：能有爱心，相互扶持。

朱祺锋同学：男生与男生、女生与女生、男生与女生之间都要有爱。

谢裕都同学：大家都不能太懒惰，积极向上一些。

何从颖同学：像一个大家庭一样，大家都能够和谐相处，不要太嚣张。

皮孟龙同学：团结友爱。

陈卓同学：非常和谐。

李恒睿同学：要团结，不能欺负同学。

王大航同学：团结友爱，和睦些。

夏新贺同学：大家要团结互助，积极向上，凝聚力强一些。

逯恺宸同学：开心。

刘庭威同学：要有凝聚力。

颜峻同学：大家开心就好啊！

王子悦同学：积极向上。

黄程操同学：团结互助。

林子睿、李卓凡同学：团结向上，开心快乐地度过每一天。

楚浪同学：大家开心就好。

何胤儒同学：我觉得是我们大家自律自爱。

陈炜琛同学：开心就好。好好学习，能跟同学愉快地相处、开心地玩。

何东城同学：应该是阳光、进取、平实、包容的班级。

陈恒吉同学：大家在一起挺有爱的，能过得好一点。

庄驰同学：班级应该团结，相处起来不尴尬，毕竟要在一起生活和学习3年。

庄银芝同学：同学之间要和睦相处，该学习时气氛要浓。

杨智丽同学：像一个大家庭啊！

徐嘉璐同学：有吃有喝，有笑有泪。

胥勤同学：同学们孜孜不倦地阅读，在老师们爱的光合作用下茁壮成长。

杨静茹同学：嗯，就是要团结友爱。

鄞岱玟、张欣佩同学：1、2、3……完美……

林若兰、黎雪菲同学：团结、友爱。

冯鹊文同学：就是像我们（1）班这样！挺好的。

胡锦仪同学：跟冯鹊文同学一样

陈敏如同学：就是要非常有默契。

何京桃同学：积极向上。

蓝思奇、陈家仪同学：和谐、完美……

主持人A：听完老师们和同学们的采访，大家觉得怎么样！

全体学生：（鼓掌！掌声一片！）

主持人A：谢谢参与采访的老师和同学们，谢谢大家的支持。下面用热烈的掌声有请我们叶老师来总结一下。

全体学生鼓掌。

班主任叶老师：刚才大家讲得都很好，那么我也来总结一下。郑钧同学带领大家阅读《野雁的感觉》这个故事体现了团结、坚持、互助的重要性；莫凡骢同学讲的“木桶理论”也叫“短板效应”，体现了凝聚力的重要性。也可以迁移到学习中来，高考是理六科的考试，决定胜负的是六块挡板，那么对于高二的我们来说怎样提高“跛腿”学科就是我们思考的重点。我用8个字来概括这一公认观点，同学们也谈到了这个观点：积极向上、团结互助。接下来我另外谈三点我个人心目中的理想班集体。

班主任叶老师：第一是校园生活。集体离不开人，而校园生活中主要是学生，学生在校园中无外乎在这么几个地方，同学们跟我一起朗读出来吧！

全体学生（齐读）：

在课室：上课时，听懂了要继续听，听不懂时更要继续听！自习课时，别人学时，我也学！别人不学时，我更要学！

在宿舍：铁的纪律是成功的有力保证！钟声一响，舒服地躺着，让劳累了一天的脑袋好好休息吧！也让你那问了一天为什么的嘴巴停歇下来！明天继续奋斗呢！

在饭堂：你的胃需要它的安慰！饭，在有限的时间内慢慢吃；碗，在有限的时间内快快洗！

班主任叶老师：很好，我们都在进行时，我们都在人生的路上……

全体学生（齐读）：

在路上：我们快步走在校道上，意气风发，斗志昂扬！冲锋陷阵，分秒必争！

班主任叶老师：我们中学生的这个年龄令人羡慕，是真实的意气风发、斗志昂扬，是校园中最亮丽的风景。我同样用8个字来概括——身心健康、快乐学习。第二，我们从行为习惯来看，既然是人就要有行为约束，在班集体中也是一样。行为是一切结果的必然，下面来做一个简单的计算游戏。

计算游戏——什么才是100%？请用英文说出成功的因素是哪些。

如果令A、B、C……X、Y、Z分别对应百分比1、2、3……24、25、26。

班主任叶老师：请用英文说出成功的因素是哪些。

全体学生：Hard Work（努力工作）、Knowledge（知识）、Love（爱）、Luck（运气）、Money（金钱）、Leadership（领导能力）、Attitude（态度）

班主任叶老师：那么我们一起来计算一下这些英文单词的百分比例（表1）。

表1

A	B	C	D	E	F	G	H	I	J	K	L	M
1	2	3	4	5	6	7	8	9	10	11	12	13
N	O	P	Q	R	S	T	U	V	W	X	Y	Z
14	15	16	17	18	19	20	21	22	23	24	25	26

Hard Work（努力工作）：H + A + R + D + W + O + R + K = 8 + 1 + 18 + 4 + 23 + 15 + 18 + 11 = 98%

Knowledge（知识）：K + N + O + W + L + E + D + G + E = 11 + 14 + 15 + 23 + 12 + 5 + 4 + 7 + 5 = 96%

Love（爱）：L + O + V + E = 12 + 15 + 22 + 5 = 54%

Luck（运气）：L + U + C + K = 12 + 21 + 3 + 11 = 47%

Money（金钱）：M + O + N + E + Y = 13 + 15 + 14 + 5 + 25 = 72%

Leadership（领导能力）：L + E + A + D + E + R + S + H + I + P = 12 + 5 + 1 + 4 + 5 + 18 + 19 + 9 + 16 = 89%

班主任叶老师：这些英文成功的因素百分比例都没有达到100%。那么，到底什么能使学习、工作、生活变成100%的圆满呢？

全体学生：Attitude（态度）A + T + T + I + T + U + D + E = 1 + 20 + 20 + 9 + 20 + 21 + 4 + 5 = 100%

班主任叶老师：是的，这个计算特别神奇。态度才是一切的动力源泉，是成功的要诀。决定行为的起因是态度，态度决定一切。从行为习惯来看，我同样用8个字来概括——习惯良好、态度端正。第三，我们结合高二（1）

班的实际情况从班级文化入手，成功=能力+努力+态度。我是很在乎班级文化建设的，我用我个人名字的谐音拼出班级文化（班训）：敬、静、净、竞。敬：互敬，互爱，互谅，互让。《论语》中有“三人行，必有我师焉。择其善者而从之，其不善者而改之”。静：人会说话很简单，难的是该说话的时候说话，不该说话的时候不说话。说是一种能力，不说是一种智慧。静包含两层意思，一是安静、二是静下心来。净：毛泽东说过，人做一件好事不难，难的是一辈子做好事。班级环境是班级良好卫生情况，包括同学们的生活和学习环境，也是同学们在集体中的一种责任和服务意识。竞：人生就如比赛，永远不要轻言放弃，一旦放弃就意味着比赛提前结束。高中生的终极目标是高考，我们是带着任务进入高中的，竞争是不可少的环节，人生亦是如此！最后送给同学们和我自己一句话，让我们在今后的人生旅途中共勉：“路漫漫其修远兮，吾将上下而求索。”谢谢大家的聆听！

（全体学生鼓掌！）

主持人B：好的，感谢叶老师的精彩分享。最后希望我们（1）班在叶老师的管理下越来越好！

主持人A：本次班会课到此结束，感谢各位领导、老师莅临，我代表高二（1）班全体成员向老师们表示感谢！

三、班会反思

本节“我心目中的班集体”主题班会我从准备到上课仅仅用了一周时间，但是整理成文却花了两周多的时间。当初在准备时不充分、在上课时思考不周到的地方，在写作过程中我不断反复地看着录像实况慢慢回忆、慢慢反思。为什么我们要主张班主任上主题班会呢？主题班会能对班级和学生起到什么作用呢？“我心目中的班集体”这节班会到底要得到什么样效果？我们怎么评价班集体是否优秀？班集体的终极目标是什么呢？我从四个层面进行反思。

（一）怎样组织和召开主题班会，才能更好地发挥其教育作用

通过多年的实际工作，我认为主要在于把握好三个原则：教育性、针对性、计划性。①确定教育目的，富有教育性的主题班会必须有明确的教育目的，自始至终贯穿、渗透着极强的教育性。主题的确定与设计，必须具有鲜明的目的性，绝不能搞形式、走过场。在确立和策划主题班会时，必须思想

明确，知道主要是解决什么思想问题，应该怎贯穿教育性、达到教育目的、提高学生的认识。只有这样，主题班会才有实效，才不会流于形式。②结合学生实际，具有针对性的主题班会必须结合学生的实际，主题的确定必须寻找学生中普遍存在的典型思想问题。只有认真确立主题，主题班会才会目标明确，进行顺利，能够较好地达到预期目的。③班会的形式要符合青少年的特点：要不拘一格、丰富多彩，要充分做好发动工作，准备工作要充分发挥学生的主体作用。要把班会的思想性、知识性、教育性、趣味性统一起来，融为一体。主题班会可以有如下一些形式：主题报告会、演讲和竞赛、座谈和辩论、社会调查成果汇报、文艺表演、技术操作、实物交流、经验介绍。计划性、针对性、教育性相辅相成，这样的主题班会才能顺利开展且能收到良好的效果。

（二）班主任组织和召开主题班会，充当怎样的角色效果最好

班主任应该放手让班委组织，锻炼学生能力，提高学生责任意识。放手让班委去做，班主任进行必要的点评和补充，有利于锻炼学生干部的组织协调与沟通能力，培养其担当和责任意识，活动效果更突出。学生处于人生观、价值观、世界观形成塑造阶段，及时必要的正确引导尤为必要。班主任还要认真考虑主题如何深化和成果如何巩固，怎样让学生进入并保持最佳状态。在主题班会过程中班主任要注意：①班主任要善于总结、集中和提炼。在主题班会当中，学生的认识有时并不是一致的，有积极的，也有消极的，有时还有分歧，甚至有些同学的发言往往有片面性和局限性。班主任就要利用总结来启发、诱导和点拨，使学生们能认识到事物的本质，认识到召开班会的目的、认识到自己今后努力的方向。在总结中要针对学生的认识以集中、分辨、提炼和升华，使学生的认识有提高，行动有准则，前进有方向。②班主任要善于“借题发挥”。“借题发挥”是班主任必须掌握和经常运用的手段。在班级管理过程中，班主任应当适时抓住各种时机对学生进行教育，提高他们的认识。“借题发挥”还指在班会总结中，班主任要善于由此及彼、由表及里、由现象到本质，使主题班会发挥出多种教育作用。③班主任要做好“追踪教育”，巩固班会成果。要使主题班会真正起到教育教学作用，绝不能忽略深化主题和巩固成果这一环节，也就是在班会后要进行“追踪教育”。要及时掌握来自学生的信息反馈，抓住学生思想情感方面的变化，继续加以引导，促其升华。只有这样，主题班会才能发挥出它的效用。

只有充分做好发动、准备工作充分才能使班会达到预期的效果。同时，准备的过程本身也是不断教育学生的过程。主题班会的策划与实施，离不开班主任的指导，但更重要的是发动学生，使学生成为班会的主人，充分发挥学生的主体作用。班主任的指导思想是通过学生的主体作用体现出来的，因此，在准备、组织、召开的过程中，班主任要充分相信学生、依靠学生、指导学生，让学生既当主人又当参谋，任何情况下都不要由教师包办代替。

（三）创建怎样的班级环境，才能更好地发挥优秀班集体的作用

班级是学生学习、生活的主要场所，营造良好的学习环境不仅是班级工作的重要内容，而且是班级工作顺利进行的基础。学生要在这个集体里学习、生活、成长，要在学校的各项活动中显示自己的精神和风貌，良好的学习环境可以使人心情愉快、热爱学习。一个优秀的班集体，有一种不可代替的教育作用和教育力量，它是学生茁壮成长的摇篮。创建一个优秀的班集体，班主任除需要做大量细致的工作外，还要有高尚的人格魅力去影响学生，为学生们树立正确的人生观、世界观。

下面我就个人的工作经验谈谈自己的心得体会。

1. 摸清学生情况，做到“知己知彼”

有位教育家曾说：“谁爱孩子，孩子就会爱他，只有用爱才能教育孩子。”教师对学生的爱，既是敬业精神的核心，也是教师高尚品德的自我表现；既是育人的目的，也是教师这个职业的具体表现。班主任要善于接近、体贴和关心学生，和他们进行密切的思想交流，让他们真正感受到老师对他的亲近和爱。这是班主任顺利开展一切工作的基础。俄国教育家乌申斯基曾说过：“如果教育家希望从一切方面去教育人，那么就必须首先从一切方面去了解人。”班主任要教育学生就得先了解学生，只有了解和熟悉学生的情况，才能从实际出发采取有效的教育措施对学生进行教育。我每接管一个新的班级，都会全方位、细致地了解每一个学生的情况，学生的性格特点，知识基础情况，爱好特长是什么，家庭状况如何……都进行了解，做到心中有数。这样，有利于顺利开展班级的各项工作。

2. 制订具体的班级计划

教育家马卡连柯指出：“真正的集体并不是单单聚起来的一群人……而是在自己前面具有一定共同奋斗目标的那样的集体。”这充分说明有集体奋斗目标是集体形成的重要标志之一。一个班级的目标很明确，那就是让学生在一个轻松愉快的环境中学习、成长。因此，一个良好的班集体应该有一个具体的班级计划，这个计划应是远期、中期、近期目标的结合，逐步实现目标的过程会产生梯次激励效应，形成强大的班级凝聚力。作为班级组织者的班主任应结合本班学生思想、学习、生活实际，制订出本班的具体、有效、可行的计划。在实现班集体奋斗目标的过程中，要充分发挥集体成员的积极性，使实现目标的过程成为教育与自我教育的过程，每一个集体目标的实现，都是全体成员共同努力的结果，要让他们分享集体的欢乐和幸福，从而形成集体的荣誉感和责任感。

3. 加强班干部的培养，形成班级核心

班级几十个学生，每一个学生条件不一、性格各异，班主任要把这样一群学生组织起来，形成一个团结的、积极向上的班集体，必须有一个坚强的核心。没有核心，班级就会像一盘散沙。有了这个核心，才能带动全班学生去努力实现集体目标。集体核心不能自发形成，需要班主任认真挑选、精心培养。唯有慎重地选拔和培养干部队伍，班主任工作才能逐渐从繁重中走向简单与轻松。在我们班里，当选的班干部应具有较强的号召力和自我管理能力，而且我会采用以下做法精心培养：首先，大力表扬班干部优点，宣传他们的先进事迹，帮助班干部树立威信；其次，在鼓励班干部大胆工作，指点他们工作方法的同时，更要严格要求班干部个人在知识、能力上取得更大进步，在纪律上以身作则，力求从各方面给全班起到模范带头作用，即“以点带面”；最后，培养班干部团结协作的精神，要能够通过班干部这个小集体建立正确、健全的舆论，带动整个班集体开展批评与自我批评，形成集体的组织性、纪律性和进取心，即“以面带面”。做了这些工作，班级就有了一个坚强的核心，通过这个核心，带动班级朝着共同目标迈进！

4. 班规制定，形成良好班风

良好的常规是进行正常的学习和生活的保障，一个学生调皮捣蛋、不合常规的举动往往会使一堂好课留下遗憾，使整个集体活动宣告失败，甚至使全班努力争取的荣誉付诸东流，直接影响到班集体的利益。因此，对一些好人好事要进行宣传表扬，对一些不好的风气要及时、严肃地制止处理。课堂常规、集会和出操常规、卫生常规、劳动常规要严格制定，使每个学生知道自己的权利和义务，具有自我约束力，形成习惯，保证整个班集体随时表现出“活而不乱”“严而不死”的良好班风班貌。

5. 良性竞争，增强集体荣誉感

竞争是一股巨大的、潜在的、其他任何外力都不可能达到或代替的动力。学生的竞争意识，往往来自对集体荣誉的维护，因而集体的荣誉感可成为竞争的动力。班主任应在班内掀起激烈的、持久的竞争活动。必须强调，这是“互助”“友好”的竞争，而不是“敌视”和“保守”的竞争，其目的是取得共同的、更大的进步。

（四）怎样的班集体环境，才能使我们生活与学习开心、快乐、幸福

那么班级集体的幸福何处可得呢？我是从以下几个方面来做的：第一，常规建设、自主管理。俗话说，“无规矩不成方圆。”在班集体的建设之初，一个良好健全的班规是必不可少的。在生活学习上养成良好的习惯，行动形成习惯，习惯养成性格，性格决定命运。良好的行动形成良好的习惯，不良的行动形成不良的习惯。行动、习惯、性格、命运四者之间，习惯是关键。因此，我在开学初就狠抓学生各种良好习惯的养成教育，如认真听讲的习惯——眼到、口到、心到；认真书写的习惯；按时完成作业的习惯；预习、复习的习惯；在不同阶段制订不同学习计划的习惯；文明卫生习惯；等等。第二，班级文化、营造氛围。良好的班级文化和氛围能在潜移默化中影响学生，对班级每个成员都有约束、感染、熏陶、激励的作用。我们集体设计了我们的班级班牌、班风班训、班级公约，动员全体人员都奔着这个目标向前。在我们看得到的环境上，我们要让教室清洁，让教室美丽，更要让教室温馨。我们合理安排了班级值日、板报、每日名言警句、班级标语、学习小组表、学生成绩进退步跟踪表、诚信自主银行等，教室里处处可见我们的用心之处。在看不到的地方，靠的是教师的帮助渗透和学生的自觉责任。每周一次的班会、间月一次的班委会，还有定期的家长会、家校联系也是定期项目。我们要内外兼修，让学生们在这个大家庭中由内而外，幸福学习、成长。第三，丰富活动、创建舞台。我们要还给学生一个丰富多彩又充满活力的童年。为此，我在班集体建设中特别重视班集体活动的开展，除学科竞赛外，组织学生参加校园艺术节、校园歌手赛、运动会、金秋读书节等活动，让学生在活动中充分感受集体生活的乐趣，进一步提升师生间的友谊和情感。

学生不再是我们和家长手中的木偶，有了自己独立的人格和兴趣爱好，能够自己处理和解决问题。让学生长成优秀的自己，幸福地长大，这就是我们的目标和心愿。其实，在追寻幸福的道路上，我们还有很多不足，我们还有很多需要改进的地方，但是，我们追求的目标没有变，我们前进的方向没有变，我们会继续努力，朝着我们最大的幸福继续前进。在开展班集体活动中，要注重启发和调动全体学生的主体意识和参与意识，重视每个学生的价值，让他们做集体的主人，在集体活动中唱主角，变被动接受为主动适应，实现自我教育。苏霍姆林斯基曾说："唤起人实现自我教育，乃是一种真正的教育。"

我认为一个优秀的班集体应该由优秀的学生组成，每一个学生都优秀，班级才能优秀。那么，怎样衡量一个学生优秀与否呢？成绩好不一定优秀，要品学兼优，在学校尊敬师长，在家孝敬父母。对此我概括为以下四点。

1. 以集体主义精神凝聚人

苏联教育家苏霍姆林斯基认为，"集体"是一种"精神共同体"。它不是人员的简单组合，而是相互间的融合，在此基础上形成的不可分割的整体，好比是"由成千上万条溪流汇合成的江河"。那么，作为一个班集体，能够把几十个互不熟识、个性各异的学生个体联合成一个有机整体，并且产生强大的合力，靠的是什么呢？靠的是集体主义精神。集体主义精神以其强大的凝聚力，把个体的思想、情感和目标聚合为集体共同的思想、情感和目标，从而强有力地支撑起班集体这座大厦。当然，集体主义精神并不是固有的，关键在于有效地培养学生的集体意识和集体荣誉感，要让每一个学生都懂得什么是集体，懂得个人与集体的关系。

2. 以正确的集体舆论引导人

积极的、正确的舆论能起到明辨是非、祛邪扶正、凝聚人心、催人奋进的促进作用，而消极的、错误的舆论则会起到混淆是非、涣散人心、毒化风气的不良作用。在正确的舆论面前，集体成员会自觉地调节个人与集体的关系，改变与之不适应的思想和行为，把个人置于集体之中，从而促进每个成员健康成长。

3. 以和谐的人际关系陶冶班集体

在一个班集体里，由于种种原因，集体成员在学习、生活和活动中难免产生种种摩擦、矛盾和冲突，人际关系难免出现种种不协调、不和谐的情况。及时发现和研究集体成员之间（包括同学之间、男女生之间、干群之间、师生之间等）思想上的矛盾、认识上的分歧、心理上的隔阂，尽快地加以调整，力求统一思想认识，消除分歧和隔阂，最终形成一种相互了解、相互信任、相互尊重、相互关心的和谐的人际关系和集体氛围。这种和谐的人际关系和集体氛围，是一个成熟的班集体的标志，对学习与生活其间的集体成员具有特殊的激励和陶冶作用。

4. 以科学的班级管理规范人

俗话说，“不以规矩，不能成方圆”。一个集体要维护自己的统一，必须有一定的行为准则与判断标准，这就是集体规范。在班级管理中根据班级实际情况，在全体成员的参与下制定若干合理而且可行的具体条例与规定，如班级公约、课堂常规、学习纪律、卫生公约等，以引导和规范集体成员的日常道德和学习等行为习惯。

5. 以干部的核心作用团结人

一个班集体中，必须由一部分热爱集体工作又有较强工作能力、自身素质较好、在集体中有一定威信和影响力的学生组成班干部队伍，形成集体的核心，通过他们团结、带动其他集体成员，沟通信息，协调动作，开展集体工作。学生干部作为同龄人，在班级学生中的作用往往是班主任不可替代的。一般地说，一批好班干部可以带出一个好的班集体；反之则不然。

6. 以班主任的自身形象感召人

班主任是班集体的教育者、组织者和指导者，是班级工作的主要负责者。

一个优秀的班集体是班主任长期辛勤劳动和智慧的结晶。一个值得学生崇敬、信赖和爱戴的班主任应该具备怎样的形象呢？应该具备崇高的学术形象和人格形象。班主任都兼课，他们留给学生的学术形象越高大，越能博得学生好感，越能感染学生。人格体现在诚实守信、友善谦和、言行一致、正直不阿等方面。班主任日常表现出来的事业心和忘我工作精神，最能给学生以极强的示范作用和影响，从而转化为特殊的感召力。人格形象的个性美最能引起学生的心理共鸣，成为他们钦佩和效法的楷模。

一个功能健全的班集体，不仅能够促进学生身心健康发展，而且直接影响学生的学习兴趣、学习态度和学习结果。很多人在离开学校生活多年之后，仍然念念不忘当年那个班级。可见班集体与学生个体关系之密切，影响之深远。

总而言之，一个班集体是否有良好的学风、班风，学生能否健康成长，与班主任的工作息息相关。班主任进行班级管理的最终目的是培养学生自主学习、独立生活、自我管理、完善自己的能力。在班级的管理中，班主任不必事必躬亲，大量工作应该放手让班干部去做，培养他们的工作能力，消除他们的依赖心理。班干部是班级的核心力量，在班级建设中起着重要作用。一个班级的管理工作能否顺利开展，班级能否成为奋发向上、团结友爱的集体，在很大程度上取决于班级班干部的工作作风、工作能力和模范带头作用。但是，班主任也不能置身事外，而应管大放小，管主放次。班主任管理的重点应放在班级计划、班规制定、班干部队伍建设等方面。从某种意义上说，教好书是育好人的前提，而通过这种主题班会的教育指引可以达成班集体的终极目标，使学生生活与学习开心、快乐、幸福。

【点评】

这节主题班会课，学生们对班集体的认识很到位，气氛也很好。更关键的是可以看出在经营这个班集体时教师做了大量的工作，学生们认同度很高。主题班会将我校“三实”德育思想体现得淋漓尽致。同时，班会课也能让学生从身边的小事出发，从生活中的小事出发，激发他们的表达欲望，使他们有话想说，便于相互间的情感交流，不知不觉中进行口头语言的表达与训练。班主任的总结非常全面、精彩，也升华了主题。这节主题班会氛围好、真实，学生积极配合参与，效果落到了实处。

班干部的烦恼

——“促进理解，营造良好班级氛围”主题班会教案设计

王世风

王世风

王世风，语文教师，从教15年，担任班主任也有15年，曾获深圳市“教坛新秀”“高考先进个人”以及校“教书育人金奖”“教书育人银奖”等多项荣誉；参加全国法制班会公开课评比，教案获高中组优秀奖，课例获优秀课例奖；参加深圳市班主任心理健康教育主题班会比赛荣获二等奖。

以“三实”德育为主导思想，遵循陶行知“生活即教育”的理念，以环境育人，以德树人，重视引导，将班主任工作融入生活和学习的点滴之中。创造性地开展各类班级活动，育人以事，育人以行，坚信学生只有切身感悟方能快速进步，只有亲身体验方能收获成长。所带班级凝聚力强，班风正，学风浓，班集体多次被学校评为“学风建设月优秀班级”“精神文明班级”“诚信自律班级”“五四红旗团支部”“优秀班级”。

主张理论联系实际，以研究的状态引领学生成长。参与全国教育科学“十一五”教育部规划课题《先进信息技术条件下城市寄宿高中尊重型办学特色研究》，获实验骨干教师称号；参与深圳市刘向名班主任工作室，积极配合工作室开展“发展性教师评价”“家校合作”课题研究；参与编写了《尊重德育的理论与实践》论著。

一、教案设计

（一）背景分析

在班级建设过程中，尤其是班干部在管理班级事务时，总是容易出现沟通不畅、相互不理解的状况，由此导致班级事务难以开展，甚至引发班干部与同学之间的矛盾冲突。这类问题的出现，不仅影响了学生的学习，同时也影响了班级良好氛围的形成和班级凝聚力。因此，寻找一个良好的契机，增进学生对班干部工作的认可、理解就成为当务之急。

（二）班会目标

（1）情境还原，让学生亲历班干部处理班级事务时的窘境，设身处地地为班干部想办法。

（2）倾听班干部的心声，了解班干部的工作特点，增进对班干部工作的理解。

（3）珍惜同学之间的情谊，共同建设班级，形成良好的班级氛围。

（三）前期准备

（1）班会课课件。

（2）男女主持人各一名。

（3）背景音乐：《一剪梅》《光阴的故事》。

（5）班级活动照PPT（配《光阴的故事》，循环播放模式）。

（四）班会流程

1. 情境再现

一起来欣赏情景剧。

情景剧一

（背景：班级自习课非常吵闹，离开座位的、讨论问题的，纪律很差。班干部管理，同学们不听，班干部发火，也难以达到好的效果。）

情景剧二

（背景：班长查迟到，有的同学漫不经心，有的同学不屑一顾，态度恶劣。）

【设计意图】

重现班干部在管理班级时遇到的情况，给学生以身临其境之感，在感受班干部尴尬的同时，为理解班干部的工作做好心理铺垫。

2. 我来支招

根据两个情景剧的剧情，学生以班干部的身份，设身处地地思考遇到类似问题该如何解决。

【设计意图】

通过代入法，感受困难，为所遇问题想办法，进一步理解班干部的工作方式、工作态度、工作情绪。

3. 倾听心声

播放班干部访谈视频。

（说明：班干部访谈视频可以涉及所有班干部，可设如下问题：①被推选为班干部时是什么感觉？为什么？②任职期间有没有感觉心累的时候？③学习的时候有没有一边学习还一边想着班级的事务呢？④执行班务的时候有没有跟班上同学发生过矛盾？⑤你当班干部有成就感吗？⑥喜欢你现在的工作吗？⑦有没有辞职的念头出现过？⑧你喜欢现在的班级吗？）

【设计意图】

走进班干部们真实的内心世界，以视频的形式现身说法，让探讨的问题更加真实化、显性化，引导学生进行自我反思，从而真正理解班干部的工作。

4. 你听我说

请以“________班干，我想对你说”为开头，说出自己的心里话。（可配乐）

【设计意图】

在理解班干部工作的基础之上，借助这个时机，提供一个畅所欲言的机会，将学生们曾经想说而没说的话、不好意思说的话都表达出来。既传递出对班干部工作的理解和认可，同时也给予班干部队伍强大的精神鼓舞，更重要的是融洽班级氛围，增强班级的凝聚力。

5. 视频总结

播放校长访谈视频。

（访谈问题：①校长担任班干部的经历；②班干部的意义；③对本班班干部的建议。）

【设计意图】

引入校长访谈视频，从校长的视角高屋建瓴地谈班干部工作，给班干部的工作以更好的指引、更多的激励。

6. 畅想未来

情景剧三

（10年后，两位原本有矛盾的同学相遇，非常亲热，相互拥抱，畅谈过去。背景音乐《一剪梅》。）

一起朗诵诗文：

生命最美妙的时光
在这里安放
笔画勾勒出你我
如繁花落心上
时光流转如河
岁月难掩藏
风雨一路向前方
青云志不彷徨
共奋斗有方向
此生若随风逝
情谊永不忘

【设计意图】

将班会课推向高潮，在相互理解的氛围中，引导学生珍惜同学情谊，珍惜美好的时光，能够以主人翁的姿态投入到班级建设中，为班级自豪，收获归属感和幸福感。

二、课堂实录

主持人（女）：同学们，大家好！相信大家都已经知道我们今天的班会课主题了。没错，今天我们的班会课主题是班干部的烦恼。初看这个题目，或许大家会觉得奇怪，因为我们可能不曾想过，班干部也会有烦恼吗？我们能看到他们忙碌的状态，却未走进他们的内心。今天，借着这节主题班会课的时机，让我们一起走近亲爱的班干部们，触摸一下他们真实的内心，倾听来自心灵的真实声音。

情景剧一

（一学生扮演纪律委员，六学生扮演普通学生，再现班级管理中遇到的真实问题。）

纪律委员：同学们，上自习课了，请安静下来！

（学生自顾自讨论，不理睬他。）

纪律委员（生气，提高音量）：上课了，安静下来！生A，你怎么还在讲话？

生A：我还有一道题要问，马上就好，马上就好！

纪律委员：生B，不要再吃东西了，现在正上课呢！

生B（不屑地）：我有吃吗？你哪只眼睛看到了？

纪律委员（独白）：班级自习课总是吵闹，离开座位的、讨论问题的，纪律不理想。我要去管理他们吧，他们又不听，即使发火，也难以达到好的效果；要是不去管理他们，又辜负了老师的信任，真的很矛盾。

情景剧二

（一生扮演班长，课前检查学生迟到情况，两生扮演迟到学生。）

班长（拦住生C，批评）：生C，你迟到了。

生C：班长，我才迟到几秒钟，没事的，不要记我名字哦。

（生C扮个鬼脸，闪进了教室；生D匆匆闯进来。）

班长：生D，你迟到了，知道吗？

生D（不理解）：是吗？，我已经跑过来了，而且才半分钟而已。

班长：半分钟也是迟到！

（班长低头记录生D的姓名。）

生D（不屑）：记就记呗，谁在乎？

班长（独白）：管理班级纪律，严格一些，同学们不理解，又容易影响彼此之间的关系；宽容一些，班级的纪律又受到影响，真矛盾！

主持人（男）：同学们，刚才两个情景剧中的情形我们应该很熟悉吧？这就是我们的班干部，这就是他们真实内心的展现。当然，这两种情境所表现出来的烦恼还只是冰山一角，在我们周围还有更多的，甚至更难的问题存在。同学们，让我们回顾生活的点滴，设身处地来感受一下班干部的烦恼，然后为他们支上一招吧！

主持人（女）：大家有2分钟的时间，可以自己回顾，也可以相互讨论。

（学生讨论。）

主持人（女）：好了，下面我们一起来倾听一下。有谁愿意第一个发言？有请张益华。

张益华：平时我从来没有想过班干部的烦恼这个问题，虽然我也担任了科代表的职务，有的时候也遇到作业缺交、催作业的问题，作业交不齐的时候，还要在班上大声喊，确实也够烦恼的。但我想，这都不算什么，工作就是工作，不要往心里去，不要因为工作影响了自己的心态。

主持人（女）：谢谢张益华同学，不要因为工作影响了自己的心态，张益华同学的意见很有意义。

李强裕（自己站起来）：我不太认同张益华的观点，我觉得其实有的时候烦恼影响着原则，如果烦恼不在的话，那人也很难积极上进，更不会想办法解决班级的问题了。

群生（附和）：对。

主持人（男）：张益华的想法是从自我调节的角度来说的，李强裕的想法是从提升工作效率的角度来说的，都很有道理。我们继续听听不同的声音。

林海欣：我觉得还是要相互理解，没有相互理解还是会有很多矛盾。

刘艺楠：对，理解了才能为别人着想。

陈海斌：如果能理解，那当然最好了。作为体育委员，在运动会报名的时候我是深有感触，很多项目都需要有人参加，但有不少同学都你推我、我推你，没人愿意，最后我只好号召玩得好的几个哥们儿，一人报多个，真是尴尬！

主持人（女，笑）：陈海斌不小心说出了自己的心声啊。

主持人（男）：是，我也是体育委员，我对陈海斌的话深有感触，如果大家能相互理解，确实很多事情都容易推行。

梁泰衡：我觉得不要一味强调理解，班干部自己也要提高自己的水平。

主持人（女）：能举个例子吗？

梁泰衡：比如说刚才情景剧里的情形，如果是我迟到了，你只是记我的名，我也会反感的。

主持人（女）：那你觉得可以怎么办？

梁泰衡：我觉得还是要平时处理好彼此的关系，然后说话的时候不要太生硬，委婉含蓄一点可能会好些！

（众生鼓掌。）

主持人（男）：非常感谢大家，大家的意见对我们班的班干部来说很重要。

主持人（女）：对，我们需要相互理解，而班干部自身也要改进工作方式，提升自己的能力，如果能够双向改变的话，相信结果会很好。

主持人（男）：其实情景剧中出现的情况，可能每天都会发生。而我们班干部们在工作中遇到的问题可能还复杂得多。科代表作业收不齐被老师批评，作业收早了遭受同学们的抱怨；晚自习总是吵闹，难以安静学习；晚上该留下来值日的同学提前走了……

我们的班干部内心该有多么强大啊？他们的内心世界究竟是怎样的？下面让我们一起来倾听一下他们的心声。

播放班干部访谈视频。

（班干部采访对象：科代表、班长、纪律委员、劳动委员、团支书、体育委员、组长。所设问题：①当时被推选为班干部时是什么感觉？为什么？②任职期间有没有感觉心累的时候？③学习的时候有没有一边学还一边想着班级的事务呢？④执行班务的时候有没有跟班上同学发生过矛盾？⑤你当班干部有成就感吗？⑥喜欢你现在的工作吗？⑦有没有辞职的念头出现过？⑧你喜欢现在的班级吗？）

主持人（女）：看看我们可爱的班干部们，他们为了班级认真辛苦地工作，他们从来不是为了自己，而是为了这个集体，他们的工作值得我们肯定，他们的付出值得我们敬佩。今天我们借着这个时机，也说出自己的心声吧！

请以“________班干，我想对你说”为开头，对我们的班干部说出你的心里话。（配乐）

（5分钟，学生将自己想说的话写在纸条上。主持人在场巡视，收取已写好的纸条。）

主持人（女）：我现在手中握的，已经不是纸条了，是大家的内心世界。

（众生笑。）

主持人（女）：我们一起来听听同学们的心声吧。

主持人（女）：这是写给数学科代表赵一鸣的，“赵一鸣同学，我想对你说，数学作业虽然很多，但你可爱的表情却是我们开心的源泉，不要为作业收不齐烦恼，作业齐了你就很快要被超越了！”

主持人（男）：这是写给劳动委员的，“郑云骏同学，你那‘收水瓶、牛奶、面包’的声音，总让我想起小贩，‘收彩电、冰箱、洗衣机’，这种神级的喊声你还要继续呀，我们班的星星就靠你了！”

（众生笑。）

主持人（男）：这是写给体育委员陈海斌的，“陈海斌同学，我想对你说，搞体育活动就应该像踢足球，看你在球场上飞奔，那激情就足够感染人！”

主持人（女）：这份是写给组长的，“亲爱的组长们，我想对你们说，虽然你们没有什么名，但你们每次作业都能认真收，老师布置到小组里的任务，你们都能带领大家做得很好，其实我觉得你们才是最了不起的班干部。”

主持人（男）：听了大家写出的心声，同样作为班干部的我，心里很感动，以前从未听过这样的声音，但今天我听到了，在这里我想代表全体班干部对大家说一声谢谢，谢谢你们的理解和鼓励，相信我们会更加努力，为大家服务，把班级建设得更好、更美。

主持人（女）：由于时间关系，我们不能把大家写的东西一一念出，下课后我们会把纸条发给相应的同学。

主持人（女）：其实，当我们在班干部的岗位上遇到了难题，心存烦恼的时候，我们完全可以不用独自面对，因为在我们的身边有许许多多经历丰富的人——班主任和任课老师。下面，我们一起来听一听他们带来的建议。

播放校长访谈视频。

（访谈问题：①校长担任班干部的经历；②班干部的意义；③对本班班干部的建议。）

（PPT展示）班主任建议：建造一座房子，需要支柱、房梁，支柱和房梁坚固与否直接决定着房子牢固与否；建设一个班级也一样，它所需要的支柱和房梁就是我们的班干部，班干部踏实肯干，能够坚定自我，严格自律，又能坚持原则，那么这个班的班风就好，这个班的精神面貌就会焕然一新。亲爱的班干部们，你们是班级的灵魂；亲爱的同学们，你们是班级不可或缺的组成，只有大家齐心协力，一个班级才能成为让我们青春闪光的胜地！

主持人（男）：感谢校长和班主任给我们带来的建议。其实，在班级工作中，无论是快乐，还是烦恼，对于未来而言，那都将是一段美好的回忆，让我们一起来场时光的旅行吧，看看我们十年后的模样。

情景剧三

（10年后，两个原本有过矛盾的同学在他乡相遇，他们亲切寒暄，热烈拥抱，他们一起畅谈过去，如一对知交好友。播放背景音乐《一剪梅》。）

（PPT显示：外乡，某地，学生A与学生B擦肩而过。）

生A（回头）：你，你，你是当年的陈泳玮同学……

生B（惊讶）：你是谁?

生A（激动）：还记得我吗?当年你因在课堂上吃零食被记名，我扣了你的分，我们还因此吵过一架呢!

生B：郑同学?

生A：是啊，就是我，那个胖子!

（学生A与学生B热烈拥抱。）

生B：好难得啊，真没想到，相隔10年能在这里与你相遇！你过得好吗?

生A：还不错，生意都顺利。以后我们要常联系。

生A：好啊，我们还是朋友!

情景剧四

（10年后，班级聚会，大家畅谈过去的点点滴滴，开怀大笑，气氛融洽。班级活动照PPT配《光阴的故事》，循环播放。照片中配诗文：生命最美妙的时光，在这里安放，笔画勾勒出你我，如繁花落心上，时光流转如河，岁月难掩藏，风雨一路向前方，青云志不彷徨，共奋斗有方向，此生若随风逝，情谊永不忘。）

生A：学生B，好久不见了啊!

生B：是啊，你还记得隔班的××吗?

生A：记得啊，当时我们还因为班级比赛和他发生过争执。现在想来，还能感受到那时的激情。

生B：嗯，前天我还遇上了他，我们聊得很投机。

生C：你还记得当年我们在寝室唱的那首歌吗?

生D（唱）：我相信我就是我，我相信明天……

生C：每当我们不开心的时候，我们就会一起唱这首歌。

生D：是啊，那时的日子现在想起来，感觉真美好。

生E：你还记得我们的数学老师吗?

生F：记得，当时我做科代表被批评，班主任在班级说，是爱与责任让他慌不择路!

生E：是啊，那时的点点滴滴，我们都铭记于心了。

生F：我也常常想起。

班长：同学们，今天是我们十年聚会的大好日子，大家一起举杯，干杯。

主持人（女）：同学们，我们最美好的年华在这里度过，44个同学，就有44种美好。班干部或者普通同学，学习或者生活，矛盾也好，烦恼也罢，请让我们相互理解，一起携手共进。因为青春，因为记忆，当我们拥有彼此的时候，这份同学情谊将成为永远，它也将成为回忆中的最美好时光。

一起朗诵诗文：

生命最美妙的时光
在这里安放
笔画勾勒出你我
如繁花落心上
时光流转如河
岁月难掩藏
风雨一路向前方
青云志不彷徨
共奋斗有方向
此生若随风逝
情谊永不忘

三、教学反思

班会课是班主任或班委会对班级进行有效管理、指导和教育的重要途径和形式。班会课属于德育课程体系中的重要内容，上好班会课对于班主任发展和学生成长有着重要的作用。然而我们在常规的班级管理中，却出现各种各样的不合理现象：如将班会课变成自习课、任务布置课，有的班主任虽然也上班会课，但上课随意，蜻蜓点水，浅尝辄止。种种问题，不一而足。出现这些问题，其中至关重要的原因是没有认清班会课的真正作用，对班会课该如何展开也没有明确的认知。在此，借“班干部的烦恼”这节班会课，来谈一谈我对班会课的一些认识和感悟。

（一）目标要朴实，不好高骛远

一节班会课要达到什么目的，这是在设计班会之前就要想清楚的。而班会要以什么原则开展，这也必须有明确的目的。我们都明白，德育的主体是学生，学校教育的对象是学生，因此我们设计的班会必须指向学生，应该体现学生的主体性。苏霍姆林斯基曾说："真正的学校应该是一个积极思考的王国。"如果班会课不能以学生为主体，以教育学生为目标，那我们所做的一切都将演变成作秀，而作秀的代价就是空有热闹，对学生的成长的促进也必定成为空谈。德育中学生的主体性，决定德育的出发点是解决学生遇到的实际问题和需求，因此班主任应从学生学习和生活中以及学生成长与发展的需求中来寻求一个具体而真实的话题，这个话题应具有小、实、真的特点。由此去探寻解决的办法，这样学生才能在班会课中真正有所收获，获得成长。

本节班会课以"班干部的烦恼"为主题，正是因为在常规的班级管理中，发现班干部管理班级的时候，因各种问题与同学产生矛盾，自身遇挫的同时，也增加了班级管理的难度，甚至丧失担任班干部的信心。班会课引导学生探讨班干部的烦恼，有利于进行换位思考，让普通学生真正理解班干部的处境，进而理解班干部的行为，用理解换取尊重，用尊重收获成长。这是班会课设置的目标，从班会课的结果来看，课上学生所呈现的纸条和对班干部们的换位阐述，已足以证明班会课的内容走进了学生的内心，对学生产生了触动。课后，还有学生在讨论这个话题，尽管是以调侃的方式，但当"班干部的烦恼"成为大家的话题，在每个学生心中留下印记的时候，班级学习的氛围自然便有所提升了！

（二）选材要真实，不脱离实际

有不少班主任，在开班会课之前，总发愁要上什么，要怎么上。班会课在无形之中成为一种负担。于是有人从网上找课件，或者直接取用别班的课件，草草完成一节班会课。其结果往往是，学生听得不知所云，自己也仿佛不在其中。

其实，班会课的选材不必讲究"高、大、上"，而应该讲究"近、实、真"。只有贴近生活才容易被学生接受，容易被学生接受才能收到教育效果；只有实实在在谈问题，学生才能实实在在有收获；只有真正发生在身边的事，才能有效触动学生的心。"感人心者，莫先乎情。"班会课要取得成效，不仅要以理服人，更要以情感人。李镇西在《民主教育》手记里也谈道：教育工作的对象是人，更具体地说，是人的心灵。

本节班会课的全部素材，都源于学生身边熟悉的人和事。前期的采访主要由李展和陈泽群两位同学负责，李展同学负责对班干部的采访，陈泽群同学负责对校长和班主任的采访。他们先设计好采访提纲，再仔细商讨斟酌，然后对同学进行采访，现场录制视频；后期李强裕等同学也参与进来，进行视频的剪辑工作；还有课中的几个情景表演的片段，都是学生选取真实发生在课堂的情况编写而成，然后自主排演。总而言之，整个班会课的呈现，都是学生的力量。而在这个过程中，学生的参与热情高涨，收获也很丰富。学生的这些收获，都得益于“真实”二字！

（三）步骤要扎实，不蜻蜓点水

班会课要顺利开展，前期的设计很重要。虽然德育的主体是学生，我们也主张让学生在班级活动中获得更多锻炼，收获更多经验，但并不意味着班主任甩手不管。班主任的智慧体现在课前充分预设中，体现在环节的指导中。

本节班会课共分六个环节：情景再现，我来支招，倾听心声，你听我说，校长建言，畅想未来。六个部分的内容环节相扣，层层推进，有效地保证了班会内容的展开，也为学生们走进班会课情境，真正有所体现、有所感悟搭建了平台。

（四）效果要落实，不虚浮肤浅

班会课结束之后，有没有效果，效果是短暂的还是持续的，这是一个非常值得思考的问题。我们常常发现，一节班会课变成一时之快，班会结束，感受即结束，这其实是资源和教育的一种浪费。试问，班会课的成果不能体现在学生的行为上，德育的成果将以什么体现？我们的德育工作没有成果，那所做的一切意义何在？所以，让德育工作成果持续下去，是非常必要的。而要做到这一点，就必须重视德育工作的后期处理。如果是一节班会课，那我们就要思考班会课结束之后，以什么形式让成果延续。

本节班会课结束之后，“______班干部，我想对你说”这一环节，学生写给班干部的纸条以及校长和班主任对大家的建议，我将其布置成一面文化墙，主题是“班干部不烦恼”，这样即使班会课结束了，但课堂中大家感受到的“理解”的氛围还在延续，文化墙同时也会成为一块舆论阵地，将德育的成果强化和壮大。

当然，本节班会课还有许多不足之处，如学生的互动性还不够，主持人的表达不够流畅，环节设计还可以更加优化，等等。但是，这些问题也恰恰说明，我们的学生需要更多的锻炼，德育主体的地位需要更有效的提升。我相信，这样的班会课不会是第一节，也不会是最后一节，在今后的德育工作中，我将继续坚持“三实”德育的原则，德育为先，为学生的成长做出更多努力。

【点评】

“班干部的烦恼”，一听这个名字，马上就能唤起学生时代的记忆，作为班主任，很多时候我们都把班干部置于“干部”的层面，认为他们是“乖孩子”，是“好孩子”，从而习惯性地遗忘他们作为普通学生的内心感受。本节班会课能从“烦恼”这个点入手，颇有另辟蹊径、令人眼前一亮的感觉。

课堂从班级中常见的班干部管理的场景入手，引导学生走入情境，感受班干部工作的不易，引起共情，进而以班干部的现身说法加以印证，无论是班干部本身，还是其他学生，都能有深刻的感受。在内心受到触动的前提下，接下来的班级工作开展将更有效地进行，班级同学之间的情感也能更加贴合，班级凝聚力也能得到增强，可谓一石三鸟。

班会课上，学生们的表现也很积极，课堂参与度高，这也从另一层面提示我们：班会课的有效性在很大程度上取决于其主题的必要性。本节班会课是值得我们深思和借鉴的。

提升自我，共创优秀班集体

——木桶效应引发的思考

岳耘田

岳耘田

岳耘田，化学教师，有多年班主任工作经验。曾获深圳市高考先进个人，广东省化学竞赛优秀教练员，全国实验区高中化学新课程实施成果教学案例一等奖，以及校教书育人金奖、教书育人银奖、优秀班主任等多项荣誉。

一、教案设计

（一）背景分析

木桶效应是一个管理学概念，又称木桶原理。是由美国管理学家彼得·德鲁克提出的。说的是由多块木板构成的木桶，其价值在于其盛水量的多少，但决定水桶盛水量多少的关键因素不是其最长的木板，而是其最短的木板。这就是说任何一个组织，可能面临的一个共同问题，即构成组织的各个部分往往是优劣不齐的，而劣势部分往往决定整个组织的水平。

若仅仅作为一个形象化的比喻，木桶效应可谓是极为巧妙和别致的。但随着它被应用得越来越频繁，应用场合及范围也越来越广泛，它已由一个单纯的比喻上升到了理论的高度。这由许多块木板组成的木桶不仅可象征一个学校、一个年级、一个班级，也可象征某一个学生，而木桶的最大容量则象征着班级的整体实力和竞争力。

（二）班会目的

一个由几十名学生组成的班集体，良好的班级氛围是班级发挥最大合力的基础。而如何形成良好的班级氛围是班主任们想方设法要解决的问题，本次班会课旨在通过对木桶效应展开思考，探索如何在班级中形成一种相互理解、和谐互助、共同进步的氛围，进而增强班级凝聚力，达到建设优秀班集体的目标。

（三）前期准备

（1）班会课PPT课件。

（2）男女主持人各一名。

（3）几个木桶模型。

（4）伴奏音乐：《我相信》。

（四）班会流程

1. 木桶原理的产生（PPT介绍提出者及含义）

美国管理学家：彼得·德鲁克，现代管理学之父。

由多块木板构成的木桶，其价值在于其盛水量的多少，但决定木桶盛水量多少的关键因素不是其最长的木板，而是其最短的木板。

这就是说任何一个组织，可能面临的一个共同问题，即构成组织的各个部分往往是优劣不齐的，而劣势部分往往决定整个组织的水平。

根据这一核心内容，还有两个推论：

推论一：只有桶壁上的所有木板都足够高，木桶才能盛满水。

推论二：只要这个木桶里有一块木板不够高度，水桶里的水就不可能是满的。

思考：发挥想象力，你认为一个木桶的盛水量还取决于哪些因素？

（充分思考并踊跃回答后总结。）

【设计意图】

了解木桶效应理论的提出与内容，通过对木桶盛水量影响因素的讨论，对木桶原理进行发散性扩展，从而获得更多的影响因素，对木桶原理进行演变。

2. 木桶原理的演变

演变一，桶径原理：高度相同的情况下，桶径大的木桶储水量大。（点评：要有胸怀）

演变二，形状原理：周长相同的情况下，圆形木桶储水量最大。（点评：要有格局）

演变三，密合原理：木桶的长久储水量，还取决于各木板之间的配合紧密性。（点评：要有配合）

演变四，厚度原理：木桶储水多少还取决于各块木板的厚度及抗压能力。（点评：要有担当）

演变五，桶把原理：一个木桶，首先它至少要有两块最牢固的木板装成提柄，以能轻松提取。这两块长板必须能负荷起整个木桶的重量。这就是优势效应或明星效应。（点评：要有过人之处）

思考：结合上述分析，你认为如何增加一个木桶的盛水能力？对你有哪些启示？

【设计意图】

从木桶效应的各种演变中提炼出为人、处事的道理，进而得到一些启示。

3. 木桶原理的启示

启示一：取长补短，发挥最大优势。

启示二：改变结构可增加储水量。（有些时候，也要学会倾斜。方法也很重要！）

4. 木桶原理的应用

由许多块木板组成的木桶可象征一个班级，每一名学生可象征一块木板，而木桶的最大容量则象征着班级整体的实力和竞争力。那么，问题来了：

思考：如何提升班级整体实力和竞争力？你有哪些想法和倡议？

（从纪律、常规、文体活动、学习等几个方面由主要班委发言提出倡议及各项要求。）

思考：如何提升自己的整体学习成绩？

（各科均衡问题，偏科影响总成绩，各科均衡发展，单科优势的学生发言做分析或学习方法指导。）

【设计意图】

结合木桶原理的启示，引发思考与交流。从班级建设和自身提高两个角度组织学生进行有针对性的发言。通过相互交流，达成共同认识，实现共同提高。

二、课堂实录

主持人A：同学们，大家好！今天我们班会课的主题是“木桶效应”。那么什么是木桶效应呢？我们一起来了解一下。

主持人B：对这个理论，初听时你会觉得怀疑，最长的怎么反而不如最短的？继而就会理解和赞同了，确实！对于木桶盛水的多少，起决定性作用的不是那块最长的木板，而是那块最短的木板。因为在水平状态下，长的板子再长也没有用，水的界面是与最短的木板平齐的。决定木桶容量大小的竟然不是其中最长的那块木板，而是其中最短的木板！这似乎与常规思维格格不入，然而这却被证明为正确的论断。

主持人A：根据这一核心内容，还有两个推论，推论一，只有桶壁上的所有木板都足够高，木桶才能盛满水；推论二，只要这个木桶里有一块不够高度，木桶里的水就不可能是满的。接下来请大家发挥想象力，你认为一个木桶的盛水量还取决于哪些因素？

学生A：我觉得木桶的形状也很重要，同样块数的木板，如果拼装成圆形的，所盛装的水量是最多的。这个可以用数学原理来解释，周长相同的情况下，圆形的面积最大。所以木桶做成圆形盛水量最大。

学生B：我认为在木桶高度不能改变的前提下，可以增加木板的块数，这样木桶的底面积就会增加，木桶的盛水量也可以增加。

学生C：我认为还可以从长的木板上截取一块，补在短的木板上，这样就可以盛装更多的水了。

学生D：还有一个问题是我们要考虑的，我们做化学实验时，在使用分液漏斗、容量瓶之前要检查仪器是否漏液，所以如果这个木桶是漏水的，它所盛装的水量也会受到影响。

主持人B：根据大家的发言，我们可以将木桶原理的演变总结如下。

演变一，桶径原理：高度相同的情况下，桶径大的木桶储水量大于桶径小的木桶。

演变二，形状原理：周长相同的情况下，圆形木桶是所有形状的木桶中储水量最大的。

演变三，密合原理：木桶的长久储水量，还取决于组成木桶的各木板之间的配合紧密性。

演变四，厚度原理：木桶储水多少还取决于各块木板的厚度及抗压能力。

演变五，桶把原理：一个木桶，首先它至少要有两块最牢固的木板装成提柄，以能轻松提取。这两块长板必须能负荷起整个木桶的重量。这就是优势效应或板块的明星效应。

主持人A：这些原理给了我们很多启示，如形状设计得再好，一旦漏水，盛水量就会受到影响，无法长久储水。所以木板间的紧密结合非常重要。我们把木桶原理迁移到班级，只有大家相互团结和紧密配合，我们的班级才会更强大。善于取长补短，就能发挥出最大优势。即使在木桶结构不能改变的情况下，将木桶适当倾斜，让短板在上，长板在下，长板发挥更大的优势，短板在位置上获得提高，盛水量也会得到增加。所以方法也很重要！

主持人B：由许多块木板组成的木桶可象征一个班级，每一名同学相当于一块木板，而木桶的最大容量则象征着班级整体的实力和竞争力。那么，如何提升我们班级的整体实力和竞争力？你有哪些想法和倡议？我们请负责纪律常规、文体活动、学习等几个方面的班委，谈谈他们的想法。

学生C：通过桶把原理我得到启示，在班级管理过程中，尤其是纪律与常规方面，更需要发挥榜样的作用。其重点是应先营造一种氛围，让学生在潜移默化中改变自己的行为。就好比木桶一样，一味地严抓“短板”，严管比较调皮的学生，不仅会使老师和班干部感觉劳累，而且会让学生产生逆反心理，可谓事倍功半。反之，多赞扬自觉、自律的“长板”学生，以他们为学习榜样，发挥他们的优势效应，营造出一种努力、安静的学习氛围，提高班级状态，使少数“氛围破坏者”感到不适，他们就会慢慢地转变自己，从而达到事半功倍的效果。

学生D：关于如何提升班级的整体成绩，我总结了以下几点。①加强班风建设，创造良好的学习氛围才能使集体进步、互帮互助，利益最大化。②根据个人薄弱学科展开有针对性的学习，弥补学科短板，使个人能力全面发展而不因个别学科拖后腿。③充分加强基础性落实巩固，不本末倒置、舍本逐末，合理分配自习课时间。④希望有学科优势的同学能通过分享的形式帮助其他同学找到合适的学习方法，以个体的进步带动集体的提高。

学生E：我想先从文体活动角度说一说，文体活动不仅需要优势效应，也要看重整体，讲究的是最高收益。例如，艺术节、体育节中一些个人项目需要明星选手为班级争光，但一些团体项目，如团体长绳，一个人或几个人再怎么突出，只不过是跳过去而已，一旦有同学失误，就会影响整体的成绩。同理，合唱也是如此，一个人的声音再动听，也比不过群体的声音美妙。所以，我希望学校组织的文体活动，大家都能积极参与，在活动中感受快乐。关于学习成绩，我应该就是班级那块短板，我的成绩不好，经常拖班级后腿，但是我会努力的，也希望老师和同学多给我帮助。

主持人A：你在体育节上的出色表现，为班级取得了荣誉，你应该是那块长板才对。我们不仅可以将木桶比作班级，还可以将木桶比作个人，那么该如何提升自己的整体学习成绩呢？我们请本次考试进步最大的同学来谈一谈。

学生F：这次成绩的提高还是有些运气成分的，当然主要原因我觉得还是我的英语成绩有了很大进步。大家知道我数学成绩有些优势，但英语成绩严重拖了后腿。原来我觉得可以用数学的优势弥补英语的劣势，但慢慢我发现这种想法是有问题的。于是我增加了对英语学习时间的投入，进步主要得益于英语成绩的明显提高，同时数学和物理又发挥了优势，才有了这次考试成绩的提高。

主持人A：近几次考试，有一位同学始终稳居班级第一名，下面我们请他来和大家分享一下学习方法。

学生G：结合木桶效应，我想我目前的优势应该在于没有明显的“短板”吧。如果说经验方法，首先各学科学习时间要分配均衡，不能单在一科上花过多时间。此外，在完成老师布置的作业后要在课后对自己一天的学习进行总结，每天都要在当天把相应的问题解决，做到今日事今日毕。背诵积累类的知识要循序渐进，我每天有固定的时间记忆背诵并不断复习。应用类的知识要多刷题，整理规律，形成体系。错题要记录下来反复练习。还有就是每天要做好规划，有序学习，目标明确。

主持人B：是的，木桶效应给了我们很多启示，善用这些启示对我们班级的建设和自身的提高都有很大的帮助。接下来，有请我们的班主任岳老师为此次班会课做总结。

班主任总结：在观看班会课的过程中，我很感动！两天前当我把班会课提纲交给主持人的时候我还在想，该不该放手？班会课会开成什么样子？今天你们的表现给了我惊喜！你们真的都很棒！掌声送给自己！（鼓掌）

你们没有拘泥于木桶效应本身，而是进行了演变。确实，事物不是一成不变的，需要用发展变化的眼光去看待。这个世界还在等着你们去改变，所以要敢于创新！在你们对木桶效应进行演变时，我也在思考，想到了几点人生的道理，和大家分享一下：①桶径原理。高度相同的情况下，桶径大的水桶储水量大，这不恰恰就是做人要有胸怀吗？②形状原理。周长相同的情况下，圆形水桶储水量是最大的。这告诉我们做人要有格局！③厚度原理。木桶储水多少还取决于各块木板的厚度及抗压能力。这告诉我们做人要有担当！④桶把原理。一个木桶，首先它至少要有两块最牢固的木板装成提柄，以便能轻松提取。这说明要有一技之长或过人之处。⑤密合原理。水桶的长久储水量，还取决于各木板之间的配合紧密性。这说明了团队之间要有配合。这也是最重要的！一个人人都喜欢的班集体是通过人人都为之付出，彼此紧密团结、和谐互助、共同进步形成的！

此外，我还有一些惊奇的发现：木桶的形状告诉我们做人不要太狭隘，做人要“阳光”；不做最短的木板告诉我们做人要“进取”；底面积和厚度告诉我们做人要“平实”；木板间的紧密配合告诉我们做人要“包容”！这正是我们的校训：阳光、进取、平实、包容。

关于木桶原理的启示，很多同学都说出了自己的想法，提出了自己的倡议，分享了学习的经验。我想我们每个人都有自己的体会与收获，那么在接下来的学习和生活中，我们要善用从木桶原理中得到的启示，团结起来，为创建优秀的班集体而共同努力。自身学习上，要减少“短板”学科带来的劣势，将学习成绩实现最大化，考入理想的大学！

关于木桶效应，还有一点我感触很深，就是改变结构可增加储水量，有些时候，也要学会倾斜。是的！方法也很重要！所以，永远都不要说自己是团队里的那块短板！你只是没有被放在合适的位置，没有找到自己最佳的姿态。找到最佳的位置，做最出色的自己！对自己说我是最棒的！对你身边的同学说我们在一起是最棒的！让我们一起喊出来！（齐：我是最棒的！我们在一起是最棒的！）

主持人B：感谢岳老师的精彩寄语！我们每个人都是最棒的，我们在一起是最棒的！我们怀揣着梦想就能飞上天，和太阳肩并肩！世界等着我去改变，想做的梦从不怕别人看见！在这里我都能实现。大声欢笑，让你我肩并肩！（伴奏音乐起，背景显示歌词）请全体同学起立！合唱《我相信》（杨培安）。

想飞上天和太阳肩并肩
世界等着我去改变
想做的梦从不怕别人看见
在这里我都能实现
大声欢笑让你我肩并肩
何处不能欢乐无限
抛开烦恼勇敢地大步向前
我就站在舞台中间
我相信我就是我
我相信明天
我相信青春没有地平线
在日落的海边
在热闹的大街
都是我心中最美的乐园
我相信自由自在
我相信希望
我相信伸手就能碰到天
有你在我身边
让生活更新鲜
每一刻都精彩万分
I do believe
想飞上天和太阳肩并肩
世界等着我去改变
想做的梦从不怕别人看见
在这里我都能实现
大声欢笑让你我肩并肩
何处不能欢乐无限
抛开烦恼勇敢地大步向前

我就站在舞台中间
我相信我就是我
我相信明天
我相信青春没有地平线
在日落的海边
在热闹的大街
都是我心中最美的乐园
我相信自由自在
我相信希望
我相信伸手就能碰到天
有你在我身边
让生活更新鲜
每一刻都精彩万分
I do believe
我相信（我就是我）
我相信（自由自在）
我相信（我相信我相信）
I do believe
我相信我就是我
我相信明天
我相信青春没有地平线
在日落的海边
在热闹的大街
都是我心中最美的乐园
我相信自由自在
我相信希望
我相信伸手就能碰到天
有你在我身边
让生活更新鲜
每一刻都精彩万分
I do believe

三、课后反思

班主任是一个班级的管理者，要建立一个整体向上的优秀班集体，需要关注到每个学生的“长板”和“短板”，加强对“短板”的优化，同时协调好“长板”和“短板”的关系，使之配合并发挥最大的作用，从而使班级这个“木桶”的“存水量”达到最大值。通过本次班会课，我总结了以下几个方面。

（一）不仅要善于识别“长短”，更要善于“短”中见“长”

由于每一个学生的素质、家庭环境和自身努力程度等都不同，因此他们的性格爱好、思想状况及学习成绩等也不一样。班主任对每个学生都要仔细观察、深入了解、认真研究，发现每一个学生的“长”与“短”。只有认识了学生的“长”与“短”，才能做到“有的放矢”“对症下药”。但不能仅看到学生的“短”处而见不到学生的“长”处，以致以偏概全，形成“晕轮效应”。要善于发现他们身上的闪光点，如有的学生学习成绩较差，但是有较强的沟通、管理能力；有的学生遵守纪律的自觉性不高，但在文体方面有一定的特长，积极参与各项活动；有的学生外表沉默寡言，却能独立思考，对有些问题常有独到的见解等等。这就需要班主任全面了解、善于观察，从“短”中发现“长”处，进而做到扬“长”避“短”。

（二）不仅要善于弥补“短”处，更要善于由“短”变“长”

在认清学生的“长短”之后，要寻求补“短”的有效途径和方法。对于在学习方面有困难的学生要多了解沟通，帮助他们寻找原因，适当降低要求并单独辅导，使其循序渐进地提高；对于自觉性不强、经常违反纪律的学生，批评教育的同时要进行耐心的说服和引导，还要多了解学生的成长背景，从学生自身及家庭等方面找到原因，改掉其坏习惯，进而帮助学生健康成长；对于性格内向、不愿表达的学生，要多深入沟通，了解他们的想法，多加鼓励，并给他们创造合适的锻炼机会，让他们找回信心。作为班主任，在班级管理过程中感情的投入是必不可少的。给予学生更多的信任、希望与期待，就会产生“皮格马利翁效应”，他们的“短板”就会逐渐变成“长板”，进而增加班级“木桶”的“存水量”。

（三）不仅要善于“取长补短”，更要善于创设“取长补短”的环境

一个木桶的存水量除了取决于板的长短之外，板与板之间结合的紧密度是另一关键因素。同理，一个由几十名学生组成的班集体，良好的班级氛围是班级发挥最大合力的基础和条件。

班级是由几十个学生组成的群体，每名学生又都有着自己的独特之处。班级内成绩好的学生常常看不起后进的学生，后进的学生常常存在自卑感并对先进的学生抱有戒备和嫉妒心理。这样就形成了先进的学生和先进的学生在一起、后进的学生和后进的学生做朋友的局面，有时甚至是小群体间的歧视与隔阂，形成不好的班级氛围。面对这种情况，班主任要善于营造良好的班级氛围，通过有针对性的单独谈话、组织集体活动、开展主题班会等形式，在学生之间架起心灵沟通的桥梁，消除误解与隔阂。引导先进的学生对后进生伸出热情之手，真诚地帮助后进生提高成绩，同时，也要引导后进的学生虚心、主动地向先进的学生学习，在班级中形成一种相互理解、和谐互助、共同进步的氛围，进而增强班级凝聚力。

总之，对于班主任来讲，只要我们正确对待学生的“长”和“短”，善于“短中见长”，切实做好补“短”工作，营造良好的“补短”环境，班级这个“木桶”就会容量最大化，实现建设优秀班集体的目标。

【点评】

本节班会紧紧围绕着木桶原理展开，从木桶原理的含义、木桶原理的演变到木桶原理的启示以及木桶原理的运用，整体思路朴实而严谨，可谓独具匠心。而班主任将各类“木桶模型”带入课堂，又很好地增加了课堂的生动性，有利于学生更加直观地理解道理，为理论指导行动打下坚实的基础。

课堂中，学生的状态很好，师生的互动性强，教师循循善诱，学生专注投入，课堂的效果很好。

培养“班干部”为班级管理助力

王彦娟

王彦娟

王彦娟，女，本科学历，中一职称。有多年班主任经验，多次获得优秀教师荣誉称号，2011年9月，获得广东省河源市源城区优秀班主任荣誉称号，2020年11月，获得河源市青年教师教学能力大赛市直选拔赛小学道法组一等奖。王彦娟的教育理念：教育的艺术不在于传授知识，而在于激励、唤醒和鼓舞。

一、教案设计

（一）背景分析

俗话说，兵熊熊一个，将熊熊一窝。班主任是一个班级的核心与灵魂，班干部是领头羊，如果有一支得力的班干部队伍，班级管理将会事半功倍。班干部队伍最能体现班主任的管理风格，班干部群体是班主任的化身与影子。

（二）班会目的

（1）通过本次主题班会活动，阐明班干部应该具有的基本素质。

（2）明晰班干部的责权，多给班干部提供锻炼机会。

（3）树立班干部的威信，促进班干部工作方法的改进。

（三）前期准备

（1）准备视频《大雁南飞》和《无头苍蝇乱飞》。

（2）准备情景剧《班主任病了》。

（3）准备情景剧《操场上的一幕》。

（4）布置真心话大冒险（用无记名方式给班干部提建议）

（四）班会流程

（1）播放视频：分别播放视频《大雁南飞》和《无头苍蝇乱飞》。

【设计意图】

用类比的方法引入，让学生体会有一支得力班干部队伍的重要性。

（2）情景剧一：班主任病了。

班主任王老师生病了，自习课同学们吵成了一锅粥。这个时候班主任拄着拐来到了教室，老师说："我病了，同学们就不自律了。老师生病期间，如果想恢复班级的正常秩序，班干部们需要分别承担起来什么责任呢？"

同学A：作为班长，我会登记好班级的迟到和早退情况，维持好班级的自习课秩序，提醒同学们自习课保持安静，不要离开座位，总之，我会尽力统筹协调安排好班级的各项事务，请老师安心养病，祝老师早日康复。

同学B：作为学习委员，我会及时督促各科课代表收发作业，及时统计好缺交和迟交作业状况，并且及时与各科老师沟通，协助老师督促同学们认真学习。

同学C：作为体育委员，我会每天及时催促同学去上课间操，全程监管同学们的做操情况，维持好班级的正常秩序。

同学D：作为生活委员，我会每天提醒同学打扫卫生、好好擦黑板、认真扫地等。

同学E：作为眼操委员，我会督促同学认真做好眼操，这不仅是为了检查而完成任务，更是为了同学们保护好眼睛。

同学F：作为电教委员，我会管好电教平台，按时帮老师打开电脑，在规定的时间内播放要闻录像，不能播放无关的内容。

老师：听了班干部的发言，老师很感动，感谢班干部能挺身而出为老师分忧，希望所有班干部能够按照你们所说的去做，以身作则，真正成为班级的领头羊。

【设计意图】

引出班干部在班级管理中的重要地位，同时归纳总结出班干部必备的基本素质。班主任生病，激发出班干部的责任意识，让班干部各司其职。

（3）情景剧二：操场上的一幕。

某班级课间：几个男同学在队伍末端追逐嬉戏，体委情急之下大声呵斥了这几名男同学，几个男同学很不服气，把体委围起来，辱骂并且殴打体委，体委委屈地哭了。

班主任：看了刚才的情景剧，请大家换位思考，如果你是几个打闹的男同学，如果你是该班的体委，如果你是其他的班干部，分别站在不同的角度畅谈自己的看法。

学生A：这几名男同学在课间操大声吵闹，明显是违纪，课间操也是课，体委管他们是为他们好，这几个男同学真的不知道好歹。

学生B：我觉得体委认真地管理同学，是在履行自己的职责，这个体委很有责任意识，只是管理方法有待改进。

学生C：我觉得体委也不该大声呵斥同学，俗话说“有理不在声高”，我觉得体委态度可以柔和一点、真诚一点，要以理服人。

学生D：我觉得那几个男同学实在太可恶了，扰乱课堂秩序，辱骂体委，一定要处分这几个男生，至少应该给予警告。

学生E：班级的其他干部在场，可是他们没能及时制止这几名男同学的恶行，没有与体委共同维持好课间操的秩序，这个是很不应该的。

师：同学们都说得很对，首先，体委关键时刻能够挺身而出，以身作则，这点很值得肯定；其次，那几个同学要认真反思并给体委道歉，下次绝对不要犯类似的错误；再次，关键时刻其他班干部不该袖手旁观，班干部之间应该互相帮助，应该主持公道；最后，体委的管理方式应适当改变一下，作为班干部，应该以德服人，不能以声压人。

【设计意图】

给班干部树威信并促进班干部工作方法的改进。

（4）游戏：真心话大冒险。

【设计意图】

通过真心话大冒险，指出班干部的缺陷与不足，让所有班干部都本着“有则改之，无则加勉”的态度来对待同学们的建议，通过这种方式来鞭策班干部。

（5）总结与提升。

二、课堂实录

片段一

播放视频：

视频一：一行大雁南飞，队伍整齐有序。

视频二：一堆苍蝇四处乱飞。

师：两个视频对比明显。大家看了之后有什么感受呢？

学生A：大雁之所以能够飞得如此整齐，一会儿排成“一”字形状，一个儿又排成“人”字形状，是因为大雁们服从头雁的指挥，因为有个带头的大雁的英明领导。

学生B：一堆苍蝇四处流窜，因为没有首领，各自为政，所以四处乱飞。

师：请大家设想一下，如果一个班级，没有一支得力的班干部队伍，群龙无首，班级将会怎么样呢？

学生C：如果没有班干部协助老师进行班级管理，班级会混乱不堪，班级将不成为班级。

师：一个班级一定要有一支有生命力的班干部队伍，因为老师的精力是有限的，不能时时刻刻盯着同学们。班干部是老师的左膀右臂。但是，班干部需要有怎样的基本素质呢？

学生D：班干部应该有奉献精神，有大局意识，有服务意识。

学生E：班干部要善于沟通，内向胆小的人不适合做班干部，因为班干部需要跟很多同学打交道；内向的同学如果要成为干部，应该逐渐克服胆小的缺点。

学生F：班干部要态度谦和，公平对待同学，不拉帮结派。

学生G：班干部不仅应该工作积极负责，而且学习成绩也应该比较好，只有品学兼优，管理别人才会更有说服力。

师：同学们说的班干部应该具有的基本素质都很准确。班干部要时时刻刻以身作则，不仅要成为管理的表率，还要成为遵守纪律的典范，更应成为学习方面的排头兵。

片段二

师：我们进行一个游戏，真心话大冒险，游戏规则是用匿名的方式给班干部提建议，建议要有建设性，态度要诚恳。

学生A：写给班长的建议："班长管理同学的时候有些盛气凌人，口气和态度偶尔有时让同学下不了台，希望班长能改进。"

学生B：写给副班长的建议："你温柔、个性太内敛，不要胆怯，你可以多与同学交流，大家都很喜欢你，加油！"

学生C：给体委的建议："你仗义执言，大家知道你心直口快，希望你改掉鲁莽的毛病，讲话之前请三思。"

学生D：写给学委的建议："希望你把学习搞上去，学委应该在学习方面带个好头，这样才能让同学们心服口服。"

学生E：希望纪律委员"不要胆小怯懦，大胆管理"。

老师总结：非常感谢大家的直言不讳，所有班干部都要本着"有则改之，无则加勉"的态度来对待大家的建议。班干部不仅要当好老师的助手，也要当好同学们的勤务员；班干部不仅要敢抓敢管，而且也要注意工作方法与技巧。只有班干部成为班级的"领头雁"，协助班主任管好班级，班风才能正，学风才能浓，班级才能团结。

三、班会反思

优点：这次班会课首先明确了干部的职责所在；其次树立了班干部的威信；最后在真心话大冒险环节，通过匿名的方式给班干部提建议，让学生们能够敞开心扉，直言不讳，使得每个班干部都清楚了自己的不足与缺点，同时也保护了班干部的自尊。只有带好班干部队伍，才能为班级成长助力。

不足：如何培养班干部成为班级管理的助手？在锻炼班干部的管理能力和增强集体荣誉感方面还需稍加讲述。

【点评】

王老师设计的此次班会"培养'班干部'为班级管理助力"，采用了多种方式与手段，如播放视频、情景剧表演等。首先，通过情景剧一《班主任病了》，引导学生们总结出班干部必备的基本素质；其次，通过情景剧《操场上的一幕》来树立班干部的威信，引导班干部注意工作的态度和方法；最后，通过真心话大冒险活动，用匿名方式给班干部提建议，使得学生们敢于说真话，使班干部认识到自己的不足之处并且改正。这次班会目的不仅让班干部成为班级管理的助力，同时也对全班学生进行了一次很好的德育教育。

第六章

感恩你我他　情思深如海

我，爱的……

——“促进新班级融合，建设班级文化”主题班会教案设计

赵 倩

赵倩

赵倩，物理教师，从教8年，担任班主任4年半，曾经获得深圳市“高考先进个人”以及校“教坛新秀”“优秀班主任”等多项荣誉称号；参加广东省第六届德育论文评选获得二等奖，参加深圳市第二届高中物理教师教学技能大赛获第一名，参加学校班会展示活动获得一致好评，并在《中学物理教学参考》《物理教师》等学科权威期刊上发表文章多篇。

以“三实”德育为主导思想，遵循陶行知“生活即教育”的理念，创造性地开展各类班级活动。所带班级凝聚力强、班风正、学风浓，班集体多次被学校评为“学风建设月优秀班级”“精神文明班级”“诚信自律班级”“五四红旗团支部”“优秀班级”等。

主张理论联系实际，以研究的状态引领学生成长。参与校本课题《新课标与理综背景下物理高效课堂探索》。

一、教案设计

（一）背景分析

在班级建设过程中，有很多促进班级融合的契机。特别是在班级成立伊始，学生们从不同的中学来到一个班级，或多或少都有些不适应，这种情况不仅影响学生的学习，同时也影响了班级良好氛围的形成和班级凝聚力。要让学生们适应新集体，爱上新班级，这个时期的引导至关重要，同时也为建设班级文化打下必要的基础。

（二）班会目标

（1）增强学校归属感，为自己能够成为二高的一员感到荣耀。

（2）培养班级荣誉感，为自己能够成为高一（9）班的一员感到光荣。

（3）建立同学亲近感，为自己有优秀的同学感到快乐。

（4）最终建立自身的认同感，为自己的现在和将来的发展制定切实可行的规划。

（三）前期准备

（1）班会课课件。

（2）男女主持人各一名。

（3）录制校园生活视频（5～8分钟）。

（4）“最爱的老师”颁奖片头视频。

（5）“最爱的老师”奖品——刻字水杯6个。

（6）相声《友谊颂》用到的话筒以及支架2套。

（7）自我鉴定卡和箱子。

（8）校歌音频文件。

（四）班会流程

1. 我，爱的校园

播放校园记录短片《大美二高，大爱九班》，里面记录了二高取得的成绩、二高的美丽景色，以及班级同学在校园里散步生活的场景，同时也记录了（9）班在成立两个月里取得的成绩和同学们在班级学习的场景。

【设计意图】

通过对学校成绩的介绍，提升学生对学校的认可度，进而形成自豪感。通过对班级成绩的介绍，培养学生们的班级荣誉感。通过对校园生活的展示，激发学生的兴趣，为其融入班会课做好铺垫。

2. 我，爱的老师

播放《最爱的老师颁奖礼》片头，并举行“最爱的老师”颁奖礼活动，班长宣读同学们写给老师的颁奖词，并给老师颁奖。

【设计意图】

通过学生写老师颁奖词的活动，拉近学生和老师的距离，通过对老师事迹的介绍，建立学生对老师的信任，达到亲其师，信其道的目的。

3. 我，爱的同学

表演相声《友谊颂》（根据班级真人真事改编），展示同学们之间的友谊。

【设计意图】

提升同学之间的亲近感，为自己有这样的同学感到幸福。

4. 我，爱的自己

活动“猜猜这么优秀的人是谁”，事先填写自我鉴定卡，上面写有优点、特长、理想、我爱的人、爱我的人等，放在箱子里，主持人随机抽取，现场朗读，让大家猜一猜这个是谁。

【设计意图】

建立自身的认同感，为现在的自己持以认可，对未来的自己充满希望。

5. 班主任总结

我爱我的校园，我爱我的班级，我爱我的同学，我也爱我自己。引导学生体会、感激、铭记，这样爱意浓厚的集体，是我们坚固的堡垒。我们承诺共同维护这个集体。日后遇到困难，遭受误解，发生分歧，都要记得今天的承诺，爱在心间，求同存异，并肩前行，鹏程万里。

【设计意图】

归纳班会，主题升华。建立集体荣誉感、自豪感和归属感，为日后的班级建设创造条件。

二、课堂实录

（一）我，爱的学校班级

主持人：

男：尊敬的老师，

女：亲爱的同学们，

合：大家下午好！

男：又是一个炎热的夏季，

女：又是一个茉莉开放的时节。

男：去年，我们步入二高美丽的校园，开启崭新的高中生活；

女：今年，我们已经在二高共度了一年的光阴。

男：在这里我们收获了优异的成绩，

女：也收获了阳光、进取、平实、包容的心境。

男：今天我们齐聚一堂，开展这次题为“我，爱的……”班会课。

女：在这里，我爱的太多，请听我一一细说；

男：在这里，有我热爱的校园，我敬爱的老师，还有我亲爱的同学们。

女：首先请观看校园宣传短片《尊重的力量》。

（二）我，爱的老师

男：王亭，看了这段短片你有什么感想？

女：我为自己是二高的一员感到自豪！

男：让我们感到自豪的不仅有校园，还有我们最敬爱的老师们。

女：是的，有这么一群人，他们坚持把简单的事情做好就是不简单，

男：坚持把平凡的事情做好就是不平凡。

女：一支粉笔，三尺讲台，披星戴月谱春秋；

男：呕心沥血，桃李芬芳，名扬华夏铸师魂。

女：下面有请班长宣读高一（9）班学生最喜爱的老师名单！

1. 姜老师

他亦师亦友，他是点灯者又是引路人。初见他，他笑靥如花，带我们走进文学的桃花源；再见他，温暖依旧。依恋他陪伴的每一天；喜欢他每次早早地来到班级里带着我们早读；更热爱他风趣、细致、不断创新的课堂。在柔和与严格之间，我们感受到了他对我们浓浓的爱。

他的一言一语、一纸一笔，都是高雅、博学、细致、认真的最好体现。

2. 胡老师

他是我们口中传遍大街小巷的“魁爷”，他是我们心中念念不忘的数学天才，他更是同学们都尊敬的严格又可爱的级长。他用他的速度与激情深深地震撼着我们小小的心灵，他富有穿透力的声音更是为数学课添上了难以忘

怀的色彩。在他的课上，数学不是乏味，而是趣味；在他的课上，看到他偶尔的微笑，是我们最激动的时刻。

他的课堂，两个小时都不算长。遇见他，我们三生有幸。

3. 唐老师

他是那个每天都会来班里看上好几圈，每天早上都会来催着我们早读、收作业，每天晚上都来叮嘱我们认真写作业的“唐妈”。在课上，少不了他严厉批评，却更忘不了他温暖风趣的讲解。他一直陪伴着我们，看着我们一点一点地成长。他高超的教学水平，让（9）班一步一步变得优秀。他说过“（9）班变化很大，我很高兴。”他高兴就好，以后，我们会更加努力。

有他细致入微的关心与教导，温暖常在。他的出现，让英文变得很亲近。

4. 范老师

他的认真严格，让我们丝毫不敢放松；他布置的作业，让我们全身心投入地完成。在他的课上，我们感受细胞的奇迹与生命的力量。在他值班的那天晚自习，我们感到踏实与沉静。我们对生物的热爱，从他这发芽，因他的培育而开花。

他的谆谆教诲是营养物质，让我们不断吸收、不断成长。

5. 马老师

课上的他总是严肃认真，但课下，他是我们真诚的伙伴。喜欢他的玩笑，喜欢他的年轻与朝气，更喜欢他的课堂，因为在他的课堂上，一分一秒都弥足珍贵。他走进我们的心中，一路相伴。他的智慧与涵养，影响我们的点点滴滴。

感谢他作为催化剂，加速我们的进步。

6. 赵老师

当我们开心的时候，他会陪我们一起笑；当我们因球赛失利难过哭泣时，他会用《最初的梦想》来安慰我们；当我们淘气、状态不好的时候，他又会严肃地给我们敲响警钟；当我们疲惫的时候，看见他就是看见了“小黑”；他的活泼、他的亲切，让物理课变得也活泼、亲切。他的热情，他的严格，让九班如太阳般温暖光亮。

他作为领路人，带着九班大家庭，融合、前进！

（三）我，爱的同学

女：说完了我们热爱的校园、敬爱的老师，下面让我们把目光转向亲爱的同学们。

男：骨肉缘枝叶，结交亦相因；

女：四海皆兄弟，谁为行路人。

男：不管未来有多遥远，成长的路上有你有我；

女：不管未来有多长久，请珍惜相聚的每一刻。

男：下面请观看由小荣、小宋表演的相声《友情颂》。

女：大家掌声欢迎。

高一（9）班《友谊颂》

甲：作为一名文艺战士，必须经常到群众中去。

乙：对，向广大人民群众学习。

甲：我每次外出都会有很多收获。

乙：那您最近去哪了呢?

甲：我呀，去了深圳市第二高级中学。

乙：哦，知道，广东省最年轻的全国示范性高中。

甲：哟，你知道啊。

乙：多新鲜呐，二高那是深圳教育最大的增长点，全国人民都知道。大家说对不对?

全体学生：对!

甲：要说这二高啊，阳光、进取、平实、包容……

乙：你等会儿，人家是高中，你去那说相声有人听吗?

甲：当然有啊，他们有社团活动时间，学生兴趣尽情发展。

乙：哦，那二高的学生很幸福啊。

甲：那是，大家说幸福不幸福?

全体学生：幸福!

甲：话说我刚到二高那天，学校安排我进入班级体验生活。

乙：这个主意好，去哪个班呢?

甲：高一（9）班啊，这个班级可是不得了，优秀，你懂吗?优秀!优秀!

乙：你能不能换个词啊?

甲：太优秀!

乙：好嘛，还是优秀。你倒是说说怎么个优秀法。

甲：话说我来到高一（9）班，嘿，教室没有人。

乙：上体育课去了？

甲：不是。

乙：上实验课去了？

甲：不是。

乙：上艺术课去了？

甲：还不是。

乙：我知道了，他们知道你来，吓跑了！

甲：像话吗？像话吗？我有那么可怕吗？

乙：那他们去哪了呀？

甲：他们去一楼拍合影了。

乙：哦，拍合影，好事。

甲：何止是好事啊，这次合影意义非凡！这是（9）班人的第一次合影，由专业摄影师拍摄，高端、大气、上档次。

乙：瞧把你美的，拿来看一下吧。

甲：看一下，老师配合一下。（指着屏幕上的照片）看看，肩并肩，手挽手，风雨路上一起走。

乙：效果的确不错。

甲：怎么是不错呢，那是相当不错。你让大家说，帅不帅？美不美？

全体学生：帅！美！

乙：好，好，相当不错。

甲：这是团结的象征，你懂吧。这张合影反响强烈，其他班同学呀，那是羡慕、嫉妒、恨！

乙：这都恨上了？

甲：让他们恨去吧，我们就是团结。

乙：嗯，团结很可贵呀，

甲：说到团结呀，还得说校长杯足球赛。11个人的大队伍，个个是精英。三大法宝，五大金刚，八大神仙……

乙：还有七个仙女。

甲：七个仙女？像话吗？这个是男足。

乙：男足，你等会儿，八仙里面也有女的吧。

甲：不管那些了哈，看比赛，左传球，右传球，射门！进啦！

乙：1∶0。

甲：左传球，右传球，射门！进啦！

乙：2∶0。

甲：接着来啊，左传球，右传球，哐当！哐当！

乙：进了俩，4∶0

甲：不对，2∶2。

乙：打平了呀？

甲：说时迟那时快，全场结束的哨声已经吹响！没有分出胜负啊。

乙：加时赛，踢点球！

甲：点球大战！你来我往，五个回合，终于7∶6，分出了胜负！

乙：你们班赢了。

甲：不，我们班输了。（抽泣）

乙：怎么了这是？

甲：我们难过，我们伤心，我们一大帮啦啦队员啊，抱头痛哭。

乙：那运动员呢？

甲：运动员？抱头痛哭啊。

乙：好嘛，哭成一团啦。别哭了，比赛成绩不重要，重要的是你们强烈的集体荣誉感，难能可贵！

甲：我们老师也是这么说的。

乙：擦干泪水，再次迎接挑战。

甲：你说得对！擦干泪水，再次迎接挑战！哎呀，挑战进来了。

乙：哪呢？哪呢？

甲：没看见吗？戴着红袖标的。

乙：哦，年级值周生来检查了。

甲：天呐，天呐！（用手压住脸）

乙：怎么了这是？

甲：地上有书！说时迟那时快，卫生委员一个箭步，把那些书揽入怀中！

乙：她抱书干什么呢？

甲：地上有书要扣0.5分的。

乙：哦。那你们是躲过了一劫。

甲：这个时候，值周生走过来对卫生委员说，同学，那个桌子旁边有一个水杯。当时，卫生委员就后悔了。

乙：她后悔什么呀？

甲：早知道不抱书，应该抱水杯呀。

乙：她抱水杯干什么呢？

甲：桌子旁边有水杯是要扣1分的。

乙：水杯比书扣的多。那后来呢？

甲：后来？那一周没有得到小星星。在班会课上，卫生委员向全班同学道歉，她说，因为自己检查不到位，才让班级扣了分。

乙：哦，你们班的卫生委员很负责任，很有担当啊。

甲：我们不接受道歉！

乙：哎，哎，差不多行了啊。

甲：你误会了，我的意思是，不应该让她道歉，班级荣誉，人人有责，不是卫生委员一个人的事！

乙：有志气！

甲：从此以后，每天早上、晚上，我们班每一个人都认真自查，水杯、书、校服、头发，各个方面。然后，瞪着眼睛等着……

乙：你们这一个个的瞪着大眼睛，等什么呀？

甲：等值周生啊。

乙：你们班可真是群策群力，就冲你们这个认真劲儿，效果不错吧。

甲：怎么是不错呢？那是相当不错！从那之后，我们每周都得星！看看我们班的荣誉栏，星星多得装不下。嘿嘿，装不下呀，装不下！

乙：你等会儿，装不下？不可能吧？

甲：怎么不可能？

乙：那个荣誉栏里有20个空位，现在都过去14周，怎么可能装不下啊？

甲：（迟疑一会儿）我就是打个比喻，假以时日，那个星星多得装不下！

乙：哦，那你们可得努力呀。

甲：努力，我们一直在努力，现在上课几乎没人睡觉，自习几乎没人说话，就寝几乎没人延迟，水杯几乎没人乱放……

乙：说了半天，都是几乎呀？你这个“几乎”里边是多少人呀。

甲：你这个人怎么这么没劲呢？净挑刺，一直在进步，懂吗？用魁爷的话说，翻天覆地；用陆陆的话说，值得期待。

乙：一直在进步是好事，期待你们尽快消灭“几乎”。

甲：不行了，我看不到了。

乙：（用手摸甲的额头）你没事吧。

甲：想哪去了？我这次的体验生活马上要结束了。

乙：哦，要回文工团了。

甲：我舍不得走啊，舍不得我热爱的校园，舍不得我敬爱的老师，更舍不得我亲爱的同学！

乙：这是建立了深厚的友谊。

甲：于是，我决定了。

乙：你决定不走了。

甲：我决定在食堂吃了晚饭再走。

乙：嗨！

（四）我，爱的自己

女：再一次把掌声送给这两位同学，感谢他们的精彩表演。

男：就像相声里说的，任时光飞逝，我们的友情不老！

女：说了学校、说了老师、说了同学，下面我们来说说自己吧。

男：我手里拿的箱子里面装了大家写的自我鉴定卡片，下面我抽选几张，大家猜猜这是谁？①姓名，三个字；性别，男；优点，长得比较高、比较帅；特长，踢足球，参加比赛获奖；理想，成为一名极限运动员；我爱我的父母，我的父母非常支持我的运动。②姓名，三个字；性别，女；优点，嗓门比较大；特长，实心球；理想，成为一名幼教老师；我爱小朋友们，我有很多朋友。

女：大家都好棒，一下就猜到了，我们的身边有好多优秀的同学，而我们自己也是其中优秀的一员呢。

男：说得没错，我们每个人身上都有闪光点，每一个人都不可替代。

女：让我们利用这关键的三年好好奋斗，向着美好的未来前进！

（五）班主任总结

男：同学们，我们的班会课已经接近尾声，下面请全体起立，唱校歌！

女：请坐下。最后有请班主任上场！

班主任：亲爱的同学们，看到大家的表现，你们知道老师有多少高兴吗？我的心跳啊，都快爆表啦。我们是多么幸运在这样的美丽校园，遇到了这样敬业的老师，拥有这么多可爱的同学，就连我们自己，在这样的环境里都熠熠闪光！老师为你们骄傲！我相信，这只是一个起点，未来的我们一定会更加优秀、更加绚烂！亲爱的同学们，你们相信吗？

全体学生：相信！

班主任：那就让我们一起奋斗，并肩前行！能不能做到？

全体学生：能！

班主任：请大家记住今天的承诺，在未来我们遇到困难的时候，出现分歧的时候，都要回想起今天的承诺，我们热爱这个集体，我们要团结奋进，每个同学都献出一点爱，（9）班将会拥有更加美好的未来！

三、课后反思

这是一堂有生命和温情的班会课，班会课后学生们热情高涨，班级的学习气氛浓厚，同学间的关系更加融洽。在班级成立的初始阶段，这堂班会课起到了非常积极的作用。对于本次班会课的突出之处我做了以下总结。

（一）目标突出，切实可行

本次班会课就是要增进同学的感情，促进班级融合。分成了几个小目标，学校、班级、教师、同学这些话题都是学生们每天讨论的。将优点摆出来，让学生们感受到强大的冲击力，突出自豪感。

（二）选材都是班级真实发生的事情

班会课的选材应该讲究“近、实、真”。本节班会课的全部素材，都源于学生熟悉的人事。视频是学生们平时生活学习的场景，相声是根据班级的真人真事改编的。学生们有切实的感受，才能在班会课中真正有所收获，获得成长。

（三）步骤扎实活动丰富

本节班会课共分五个环节：爱学校班级、爱老师、爱同学、爱自己，还有班主任总结发言提出目标和要求。五个部分的内容环节相扣，层层推进，从多个维度，让学生体验和领悟。形式有视频、颁奖礼、相声等，活动丰富，学生喜闻乐见。

（四）珍惜班会课效果，增加后续保温

本节班会课结束之后，“猜猜这么优秀的人是谁”这一环节学生写的自我鉴定卡置成一面文化墙，这样即使班会课结束了，但课堂中大家感受到的

“热爱”的氛围还在延续，文化墙同时也会成为一块舆论阵地，将德育的成果强化和壮大。

当然，任何教育都会留有遗憾，这次班会课也有一些需要改进的地方。例如，学生主持人的表达不够流畅，环节衔接还可以更加优化，还可以增加年级长发言环节，从年级的角度，给予班级正面积极的评价，增加学生们对班级认同感。我相信，这样的班会课在学生的生命里会是一个永恒的记忆，对他们的成长将产生深远的影响。在今后的德育工作中，我将继续坚持“三实”教育理念，德育为先，为学生的成长做出更多努力。

【点评】

这是一堂饱含深情的班会课，班主任精心准备，学生们积极参与，整堂班会课气氛热烈，情绪高涨，作为旁听者都觉得热血沸腾，非常羡慕这个班级的学生，想要成为其中的一员。这样的班级氛围，为日后的班级管理，打下了坚实的基础，为日后的求同存异，提供了良好的铺垫。仔细想来，能取得这样的效果，主要依赖于以下三点：①用事实说话。班会素材都是学生身边发生的故事，真实的故事，学生熟悉又信赖。②从学生的视角出发。颁奖典礼，用学生的语言，表达对老师的喜爱，自然又生动。③活动多样，方式灵活。都是学生喜闻乐见的形式，观赏性强，参与度高，学生们期待又惊喜。在开学之初，让学生迅速凝聚，团结起来，不是一件容易的事情。在心理学上有一种现象叫作“马太定律”，说的是好的愈好，坏的愈坏，多的愈多，少的愈少，富有的更加富有，贫穷的更加贫穷的一种现象。大家都说（9）班好，大家都愿意为了更好的（9）班努力，那么一段时间后，（9）班就会更好，越来越好。另外，班主任老师很有亲和力，语言流畅，声情并茂，为我们展现了一节生动的班会课。

感恩的心

王彦娟

王彦娟

王彦娟，女，本科学历，中一职称。有多年班主任经验，多次获得优秀教师荣誉称号，2011年9月，获得广东省河源市源城区优秀班主任荣誉称号，2020年11月，获得河源市青年教师教学能力大赛市直选拔赛小学道法组一等奖。王彦娟的教育理念：教育的艺术不在于传授知识，而在于激励、唤醒和鼓舞。

一、教案设计

（一）背景分析

在素质教育的大背景下，学生们似乎只要好好学习，只要考试成绩好，就万事大吉；学生们的综合素质，特别是感恩教育尤为缺失。本次班会以感恩为主题展开，分为三部分：感恩父母、感恩老师、感恩他人与社会。

（二）班会目的

（1）通过本次班会，使学生明确感恩的含义、学会知恩和感恩。

（2）增强学生孝敬父母、尊敬师长、感激他人与社会的意识，并把感恩之情转化为学习中自强不息、顽强拼搏的励志精神，全面提升学生的修养，以构建和谐校园。

（三）前期准备

（1）“父母的一天”“老师的一天”文字稿。

（2）沙画视频《每当我轻轻走过老师窗前》。

（3）视频《平凡人的故事》。

（四）班会流程

1. 入情境，感恩父母

（1）差别。设计问题，如生日是哪一天、最喜欢的东西是什么、最难忘的事情是什么等，分别由家长和孩子回答，将得到的答案做对比。家长的回答可以事先做好，愿意展示的先挑选出来，其他的可以封存在信封里，课上交由孩子自行查看。

（2）父母的一天。让孩子父母较为详实地记录一天的工作情形，也封存在信封里。

【设计意图】

将父母和孩子对彼此的了解客观地呈现出来，当父母不为孩子所知的一面或所知偏差的一面摆在孩子面前的时候，将极为有利地促进孩子对父母的理解，不仅能够有效地增进亲子关系，引导孩子感恩父母，获得思想情感、认知的提升也会水到渠成。

2. 忆往昔，感恩老师

（1）播放视频《每当我轻轻走过老师窗前》。

（2）说说我与老师的故事。孩子在学习生涯中，所遇到的老师有很多，或许不是每一个都印象深刻，但一定有在他生命中留下印记的那一个，让孩子们说说与老师之间发生的故事，将记忆带回美好的时刻。

（3）老师的一天。以孩子们较为关注的某一科老师为例，详实地记载老师一天的工作安排。

（4）老师我想对你说。引导孩子说出对感恩老师的心里话，将爱和感恩以言语的方式表达出来。可以课堂直接表达，也可以写成书信，统一邮寄。

【设计意图】

沙画视频以视听的形式营造出良好的情境，为引导学生进入回忆做好铺垫。“说说我与老师的故事”，顺理成章地唤起学生的情感记忆，让学生明白老师在自己生活中的重要地位。展示“老师的一天”，引导学生更为近距离地看到老师的辛苦，在情感上获得更深一层的认可，最后将感恩老师的情感化为文字，流之于笔端。

3. 观生活，感恩他人

（1）观看视频《平凡人的故事》。

（2）设想，如果没有工人、农民、解放军等默默奉献的人，社会会变成怎样？

【设计意图】

引导学生关注生活、关注社会，把视线从近己的地方延伸到身边，在同理、理解之后，明白生活的来之不易和彼此的息息相关，进而树立对他人和社会的感恩意识。

4. 总结与提升

培养感恩他人和社会的意识，督促学生为此努力学习，争取早日回报社会。

二、课堂实录

片段一：忆往昔，感恩老师

师：一幅幅画面，感人至深，你有哪些关于老师的故事与同学们分享吗？

学生A：我在幼儿园的时候，经常尿裤子，每次尿裤子都是刘老师帮我换裤子和洗裤子，刘老师就像我的妈妈一样，现在每当教师节，我都会去看望刘老师。

学生B：我刚入小学的时候，不会削铅笔，每次都是班主任王老师主动帮我削铅笔，我一直很感激她。

学生C：我在四年级时候，第一次来月经弄脏了裤子，由于不懂生理常识，我当时吓得哭了，是我的语文老师教会我如何使用卫生巾，语文老师是我的生理卫生课的启蒙老师。

学生D：咱们班级的数学老师王老师，每次都不厌其烦地帮我讲解我不会做的题目，有的时候，放学之后还单独辅导我，我很感激他。

学生E：我上个学期沉迷网络游戏，是咱们班主任王老师耐心地开导我并且监督我，把我从沉迷游戏的深渊拉了回来。

师：人生中能遇到好老师是我们的幸运，我们应该心存感激。感恩老师不应该成为一句简单的口号，我们如何用实际行动来表达对老师的感恩呢？

学生F：前几天班主任的咽喉炎犯了的时候，我主动送润喉糖给老师。

学生G：我们语文老师声音很温柔，每次看到老师声嘶力竭地讲课，我真的很心疼，希望男生再也不要在他的课堂上起哄了。

学生H：每当教师节，我都会主动做贺卡寄给我的老师们。

师：同学们做得都很好，我很感动。俗话说，“滴水之恩，当涌泉相报。”尊师重教不是一句空话，我们应该落到实处。我从小到大也得到过很多老师的帮助与关心，特别是我的高中班主任曾经给我买过早餐，每当回老家的时候，我都会去看我的班主任刘老师，并给他带一点河源的特产。

片段二：设想“无人默默奉献”

我们有幸生活在新时代的中国，衣食无忧，人民生活富足。这是因为有人在默默为我们奉献，请大家设想一下：如果没有农民，没有工人，没有解放军，我们的生活会变得怎么样呢？

学生A：我国是世界上人口最多的国家，如果没有农民，就生产不出粮食，人们就会被饿死。

学生B：如果没有工人，我们建设房子需要的钢筋、水泥、混凝土就生产不出来，我们的生活质量就会降低很多；没有工人，燃气和水电也不会有，我们的生活品质也会降低很多。

学生C：如果没有解放军，祖国的大门就会失守，是他们舍小家顾大家，是他们保卫祖国的安全，如果没有他们，我们就会生活在战火纷飞的恶劣环境中，没办法安心学习。

学生D：如果没有医生，人一旦生病就没办法医治，如果病重就只能等死，想想多么可怕。

学生E：如果没有警察，社会秩序将混乱不堪，我们就会完全失去安全感。

学生F：如果没有环卫工人，那么街道就会脏乱差，家就会变为垃圾场。

学生H：如果没有快递员，就不会有如此发达的物流系统，我们网购就不会如此顺畅，生活就不会如此便捷。

师：同学们的设想都很符合实际。所以我们应该珍惜来之不易的幸福生活，努力学习，学有所成，然后报效祖国。感恩社会，从你我做起，同学们一起加油！

三、班会反思

优点：通过此次班会让学生们学会感恩。感恩是一种基本修养。人有了感恩之心，人与人、人与自然、人与社会才能变得更加和谐。感恩使人对现在拥有的产生满足感，感恩能对有限的生命倍加珍惜，感恩心理的存在会使生命得到滋润；感恩是对生命恩赐的领悟，感恩是对生存状态的释然，感恩是对赐予我们生命的人的报答，感恩是对陌路关爱的珍藏；学会感恩，传递感恩，让世界温暖如春！

不足：从事例入手较多，说理略显不足。例如，为什么说感恩之心是一种基本修养？感恩的历史文化传承是怎样的？

【点评】

王老师设计的此次班会通过三个环节（感恩父母、感恩老师、感恩他人），让学生说出对感恩的理解和承诺，把感恩之情化为自强不息、顽强拼搏的动力，注重学生修养的提升，激发出了人性的真、善、美。

感恩母校，备战高考

刘 向

刘向

刘向，男，东北师范大学教育硕士，深圳市第二高级中学物理高级教师。1993年参加工作，1996年以来一直担任班主任，善于做学生的德育工作。教育教学成绩突出，先后被评为黑龙江省省级优秀班主任，深圳市市级优秀班主任，深圳市首届、第二届名班主任工作室主持人。深圳市第二高级中学首届“我最喜爱的班主任”，广东省南粤优秀教师等荣誉称号。

一、班会设计

（一）班会背景

随着高考的临近，由于升学压力的问题，学生和家长的心态容易出现波动。在这个关键的时刻，家庭压力也非常大，家长如何帮助学生？学生学习出现起伏，如何与家长交流？即将毕业走向大学，如何走好人生路？毕业后，远离母校，用什么样的方式感恩母校，感谢恩师？诸多状况呈现出来，如若不能及时有效地加以引领、开解，不仅不利于高考备考，也将影响到学生和家长的身心健康。

（二）班会目标

（1）引导科学备考，不能慌，稳扎稳打，让学生用自己最佳的状态迎接高考。

（2）做好家校沟通工作，让学生理解家长的关心和关注。

（3）珍惜余下的奋斗时光，心怀感恩，感恩母校，感谢师恩，感谢同学的相伴。

（三）前期准备

（1）与家长沟通，收集学生幼时的照片，配上背景音乐，制作成富有感染力的视频或PPT。

（2）学生问题卡、信号笔若干（与班级人数相对应，人手一张卡、一支笔）。

（3）励志视频，班会PPT。

（四）班会流程

（1）神秘礼物，幸福童年。

播放学生过往生活的剪影。

【设计意图】

营造温暖的氛围，帮助学生放下内心的戒备，以轻松愉悦的心态回到过去，回忆过往，在亲情的安抚下暂时忘记学习的苦恼，为下面的活动做好心理铺垫。

（2）倾情诉说，感知你我。

学生在观看完“神秘礼物”之后，以自愿为原则，站在原位上分享自己的感受。

【设计意图】

在受到亲情触动的时候，抓住时机，让学生进行诉说，既可以让学生抒发内心的情感，同时也为学生找到一个宣泄的出口，让学生在诉说中自我调节，在诉说中减压，在诉说中消解负面情绪。

（3）回忆往昔，重塑梦想。

学生回忆高中三年的点点滴滴，思考给自己留下印象最深的是什么，如果能有一次重来的机会，会怎么把握?

活动要求：每个人都有个彩色小题板，在给出的主题中，为自己的高中生涯确立四个主题，可以以关键词的形式呈现出来。发言时，选择相应的关键词，简短地阐明自己的观点即可。

【设计意图】

本环节旨在引导学生进行自我审视，回望三年来发生在身边的事，出现在身边的人，温习过往的点点滴滴，明白陪伴自己努力前行的除了同学之外，还有父母和老师。假设有重来的机会，让学生畅谈，意在引导其思考和反思自己的行为，以看清现实，也有利于下一步清晰地谋划。

（4）榜样引领，不畏鏖战。

播放视频《麦迪时刻》。

【设计意图】

让学生切身地感知到，即使是风光无限的优秀人物，也同样会在奋斗的路上遇到困难挫折，会有犹豫和彷徨。但重要的并不是知晓，而是如何顶着压力努力向前进。

（5）憧憬未来，静心致远。

未来不仅和自己有关，也和身边的同学、老师，甚至和学校有关，在临近毕业之时，如何珍惜好这美好的时光？在毕业之后，如何回馈自己的母校？学生思考并发言。

【设计意图】

学习之外，更重要的是感知生活，而感知生活就离不开身边的每一个人。一个人的奋斗，与自己有关，与同学、老师、家长也密切相关。同学一路上的扶持，老师一路上的指引，家长一路上的陪伴，这是需要铭记于心的。而铭记之外，更应心存感激。本环节旨在引导学生怀感恩之心，在欣喜的自我发现中获得前进的动力。

二、班会实录

片段一

师：同学们，三年，在我们的人生历程可能很短，三年时间只不过人生的1/25，三年二高的读书生活，在你的一生中注定是有意义的，三年来，你们熟悉了校园的角角落落，你们走遍了校园的每一片土地，甚至校园的每一棵树、每株花草你都会有印象，这里留下了你们的故事，有你们最美好的记忆。校园里充满了你们的欢声笑语，绿茵场上有你们阳光的记忆，运动场上有你们锻炼的汗水，教室里留下了为了理想而奋斗的点点滴滴，这里写满了故事。让我们回忆一下三年的学习生活，重温那段美好的记忆，也梳理一下，三年的高中生活给我们带来的收获与缺憾。

以下是我给同学们提供的关键词，请同学们结合自己三年来的高中学习生活选择你感触最深的关键词，并和大家分享你的感受。

（1）尊重，阳光、进取、平实、包容。

（2）研究性学习、社会实践、社团、学校大型活动（体育节、艺术节等）、班级活动（班会、班赛等）、生日会等。

（3）学习、作业、课堂、学习笔记、假期学习、自习、刷题、课外补课等。

（4）班集体、老师、家长、同学、室友、朋友。

（5）手机、小说、兴趣、爱好发展等。

（6）诚信自律、常规考核、值日、宿舍。

生1：我感触最深的是学校的社会实践，以前从来都没有走进过社会，只是一直在学习，有点两耳不闻窗外事的感觉。学校开展社会实践活动之后，我走上了"工作岗位"体验职业，认识了"微公益"，懂得了如何表达爱。社会实践活动不仅开阔了我的视野，也丰富了我的性格。

生2：我想说的是我们的"诚信银行"。读小学、初中的时候，我心里只有不迟到、不早退、不缺交作业等老师的要求，但时不时也会忘记，可能中途由于各种原因还出现过不少类似的问题，但最后自己还认为自己表现不错。上高中后，班级有了"诚信银行"，平时的各种表现都会被记录下来，一个星期，一个月，一个学期，自己的表现一目了然。我觉得我从来没有这么了解过自己。虽然被记录时心里也有些不舒服，但它确实促进了我的改变。

生3：我感触最深的是班级赛。那一次我们班和（7）班打班级赛，班上的同学们都到了，虽然一开始比分落后，但观看比赛的同学一直在为场上的同学们加油助威。最让我感动的是，我们不自觉地喊起了口号，还一点一点扳回了比分，最后还赢得了比赛，那时我觉得我们班真的是太团结了，在班级中我感觉很幸福。

片段二

师：如果时间可以倒流，我回到高一做你们的班主任。我会努力向你们诠释什么是包容、尊重；努力教导你们学会感恩，学会相处；为你们的学习付出更大的努力，把你们培养成自信阳光、有担当、有责任意识的优秀中学生。

如果时间可以倒流，你们回到高一做我的学生，你有什么选择和期望？

生1：我会让自己更加乐观开朗起来，感觉高中三年过得有点自我了一点。

生2：我想我可能会把更多精力放在学习上，高一、高二的时候我浪费了太多时间，搞得高三时压力太大。

生3：我想我会更积极地参加班级和学校的活动，现在每次看到班级照片，很多活动里都没有我，有点失落，有点遗憾。

生4：如果能回到高一，我会说服自己远离手机，手机确实太影响我的学习了。

片段三

师：西汉·刘向《战国策·秦策五·谓秦王》中有“诗云：‘行百里者半于九十。’此言末路之难也”。原文的意思是一百里的路程，走到九十里也只能算是才开始一半而已。比喻做事越接近成功越困难，越要坚持到最后。那么，我们“三年磨一剑，只等高考时”“十年寒窗苦读，就为功成名就”。今天距离高考还有31天，整整一个月时间，有理由说时间很短，三年时光只剩一个月了。更有理由说时间很长，因为，行百里半九十，30天对于我们会有更大的收获，会有奇迹出现。奇怪的是，这一个月也是三年高中时间的1/25。

一个月的时间到底能做什么呢？我们现在面临的挑战又是什么呢？首先我给大家准备了一段视频。

播放视频《麦迪时刻》。

NBA赛场决定胜负仅仅是30秒的时间或是几秒的时间，姚明所在的休斯顿火箭队，有个传奇球星叫麦迪，在对阵马刺队的比赛，距离终场结束时间还有35秒，比分落后12分。休斯顿没有放弃，35秒时间内，全体队员共同努力，麦迪硬是得了13分，赢得了比赛的胜利，赢得了尊重，他和姚明都进了NBA名人堂。这次比赛，写进了NBA的历史，永久地保存了下来。这就是NBA，这就是比赛，这更是人生，我们有什么理由去自甘堕落，有什么理由说31天很短呢？同学们，加油吧，31天我们也可以创造自己的辉煌，创造出奇迹的。

师：我知道，我们都知道，我们也面临着很多困难。那么，我们就把困难大声地说出来，用我们的智慧去解决它，扫清障碍，放下包袱，奋勇向前，创造我们的奇迹。

在我们的备考当中，请你写下影响你学习和考试的关键因素有哪些，请将关键词写下来，并和同学们分享。

生1：紧张、焦虑、担心。

生2：害怕、休息不好、睡不着觉。

生3：父母的期待、家庭的压力、老师和同学们的看法。

生4：无助、懊悔、压力山大。

生5：踏实、冷静、清醒、规律。

生6：自然、心态、创造环境（班级、宿舍等）。

生7：知识储备、复习方法、寻求帮助。

生8：自信、迎接挑战、高兴、兴奋激动。

三、班会反思

高三是冲刺高考的关键阶段，随着高考的临近，升学的压力会越来越明显地在学生身上显现，包括心理的或者学业的，如果不能适时地引导消除，很容易影响复习的效果。学生们身处局中，周围的压力如同迷雾，要拨雾见日，还需要班主任的适时引领。因而，相应的主题班会就成了重要手段。本节班会课以反思和回顾为切入，落脚点在尊重和感恩，意在引导学生们在自我思考的同时，从自己的过往，从身边的人和事中获取足够的动力。从班会效果来看，最后的反馈是不错的。本人也因此有以下感悟。

（一）针对性是有效开展主题班会的重要前提

所谓针对性，即主题班会要解决什么问题，必须清楚。而问题的获取，不是源于自我的思考，也不是源于经验，而是源于学生的实际。这便要求我们在开展主题班会之前，要对学生的需求做充分的了解，班主任可以以调查问卷的形式了解学生的心理状况和思想动态。当然，只依靠问卷并不能准确地获取信息，还应辅以密切的观察和有计划的访谈，通过多种方式结合，综合考量，我们才能大致掌握学生的问题。

在明白学生的需要之后，我们才能进行第二步——主题班会的设计。要达到目标，解决问题，主题班会的进程是需要设计的。如果没有预设，没有精细的环境，学生在主题班会之下难以进入情境，即使我们知道学生需要什么，也容易落入说教的尴尬境地，无法帮助学生走出困境，助其解决问题。

反之，如果我们能事先做好计划，班会步骤明晰，逻辑严谨，环环相扣，符合学生认知规律，那么一切就水到渠成了。

（二）体验性是活动设计的重要特质

本节班会最终的效果是不错的，细思而明，其重点在于活动的体验性。平时我们的班会课，要么浮于事务，要么流于形式，很难触及学生的内心，学生的参与度也不高。要真正让学生的身体和大脑动起来，我们必须设计有效的活动，而活动设计的一条重要原则，就是重体验。

“神秘礼物，幸福童年”“回忆往昔，重塑梦想”这几个环节都是重视学生体验的，在引导学生回溯自己过往的时候，课堂的情境性也就随之生成，在这种温暖和谐的氛围之下，学生在交流的时候才显得那么主动和充满情感。

当然，本节班会课也有一些不足，如环节之间的跨度有点大，虽然以“感恩”和“尊重”为核心，但整体上会让人产生一定的脱节之感。另外，由于时间的关系，学生活动略显仓促，学生的真实想法没有得到完全的呈现。这些都是以后班会课需要认真注意的问题，我要努力提升。

愿我的学生们都有一个美好的未来！

【评语】

本节班会课优点突出，学生在课堂上真正动起来了，课堂气氛很好。让人没有想到的是，在紧张的高三冲刺阶段，学生还能这样充分地参与到班会活动中来。这是班主任的功劳，也是学生的直接需求啊！

课堂设计中，活动的丰富性和体验性是值得我们借鉴和思考的，在紧张的高三学习生活中，说教往往是低效的，因为思想疲惫；精彩的活动往往是高效的，因为学生不仅可以释放情绪，还可以享受到活动带来的快乐。

第七章

鏖战不惜力　执笔战苍穹

轻轻松松进考场

——“找回自信，从容应对考试”主题班会设计

闫瑞习

闫瑞习

闫瑞习，男，中国共产党党员，高中数学一级教师，从教13年，从事班主任工作11年，工作期间多次在学校的评先评优中荣获优秀党员、教书育人金奖、教书育人银奖、校级优秀班主任等荣誉。

秉持着尊重学生身心发展规律，为学生的终身发展负责的教育理念，采用科学有效又富有生活气息的教育方法，获得了学生的高度爱戴，所带班级班风正、学风浓、团结活泼、紧张有序、积极向上，多次在学校班级评比中荣获“诚信自律班级”“精神文明班级”“五四红旗团支部”“优秀班级”等荣誉称号。

多次积极参加校级、市级班主任技能大赛并获奖；参加由广东省心理健康教育指导中心举办的包含30学时的“心理学C证”和包含60学时的“心理学B证”培训，成绩优秀，获得相应证书；参加深圳市刘向名班主任工作室，参与《发展性班主任评价》《寄宿制学校的德育》《班级文化》《家校合作》等德育课题的研究。参编《尊重型德育的理论与实践》《尊重的奇迹——尊重型教育叙事集》等书籍。

一、教案设计

（一）背景分析

学生从初中迈入高中之后，不仅要处理成长的烦恼还面临很多学习上的困扰，如学习科目从6科增加到9科，而且每科的容量和难度比初中大了很多，平时的作业和小考感觉很吃力，上课好像听得懂，一离开老师就不会，如此恶性循环让信心逐渐消失殆尽，在各种考试中紧张过度、顾此失彼、状态百出。教育学生尽快适应高中学习，找回自信，从容应对考试，成为这一阶段的重要工作。

长远来看，践行素质教育的当下，却仍然是高考在决定着教育方向，仍然在用高考成绩辨别学生的学识状况。于是如何最大限度地提高应试技巧，如何调整好应试心态就成为一个现实问题。

通过两个月前的期中考试可见有的学生平时勤奋努力，但考试成绩却不尽如人意，除了平时学习的效率之外，有没有考试技巧、考试心态上的因素呢？有的学生平时成绩平平，期中考试却能进入年级前几名，平时考试与期中期末考试的成绩有何种程度的相关性呢？学生必须懂得如何在考试中发挥出应有的水平，如何将平时所学的知识充分表达出来。

（二）班会目标

（1）通过身边的例子或者名人事例促使学生正确理解考试的意义。

（2）通过先辈与朋友的发言和学生组织的小品展示，让学生学会充分准备，积极应试，让每一次“大考”都尽最大可能提高自身的应试能力。

（3）通过介绍一些心理调适方法，让学生学会如何面对考场上的负面情绪，处理学习中的错误做法。

（三）前期准备

（1）挑选主持人。（要求：形象气质较好、语言表达流利、逻辑思维清楚，男女各一人，着校服。）

（2）准备歌曲《在路上》及暖场音乐。

（3）组建班会组委会，主要由班委会成员组成，设计每一个环节并挑选好必要的人选，设计要尽可能详细。

（4）关于学习方法及应试技巧的访谈、录音、视频等。

（四）班会流程

1. 情境引入，建立考试的科学概念

播放音乐《在路上》，本歌曲由王利芬和张瑞敏作词，刘欢演唱，要用原唱。

歌词如下：

那一天/我不得已上路/为不安分的心/为自尊的生存/为自我的证明/路上的心酸/已融进我的眼睛/心灵的困境/已化作我的坚定

在路上/用我心灵的呼声/在路上/只为伴着我的人/在路上/是我生命的远行/在路上/只为温暖我的人/温暖我的人

那一天/我不得已上路/为不安分的心/为自尊的生存/为自我的证明/路上的心酸/已融进我的眼睛/心灵的困境/已化作我的坚定

在路上/用我心灵的呼声/在路上/只为伴着我的人/在路上/是我生命的远行/在路上/只为温暖我的人/温暖我的人

在路上/用我心灵的呼声/在路上/只为伴着我的人/在路上/是我生命的远行/在路上/只为温暖我的人/温暖我的人

【设计意图】

通过播放音乐，渲染一种氛围，启发学生思考；通过班委会筹备期间的准备资料向学生科普考试的概念。歌词中在路上的艰辛和为了尊严和梦想努力的执着，让学生感受到前进的动力。主持人的发问直接揭示主题，学生在班会课前通过自主查询获得的知识在这里起到了科普的作用，为整节班会课奠定了讨论的基础。

2. 提出问题，如何面对考试？

（1）分享小罗纳尔多的故事，感受乐观态度在困难面前的作用。

（2）让优秀学生和教师分享自己让学习变得快乐的方法。

（3）现场表演小品《差别》。

【设计意图】

通过小罗纳尔多的故事，让学生感受到，一件事情能否坚持下去取决于干这件事情时候的感受，如果是开心和快乐的，你就能坚持下去，如果是痛苦的就会很快败下阵来。对优秀学生和老师的采访，则是为了展示尽可能多的让学习变得快乐的方法，如对学习问题的融会贯通，对经典老题的钻研，对自己优异成绩的满足，等等。事实上，学习本身就充满着快乐，在年轻的时候疯狂提升自己的素养就是最大的快乐！再以小品的夸张呈现，让我们对成绩的优劣、态度的正负所引发的后续影响有所思考。

3. 分析问题，如何养成良好的考试习惯

借助PPT展示班会课前查阅的资料，和向心理学专家询问所获的一些指导学生应对考试的方法，包括养成考试习惯的方法、考试前后调节心理的专业方法、舒缓紧张情绪的方法、避免得失情绪的方法等。

【设计意图】

通过前面几个环节的铺垫引申，呈现出本节课最主要的问题，得到答案就成了水到渠成的事情。通过主持人自己给出答案的方式，一方面节省了时间，另一方面也更加专业、更加权威，因为这是事前通过查阅资料和访问专业人士得到的。

4. 回归主题，盯准目标从眼下入手

班级成员进行自我评估，并将本节课通过填写自我评价卡与考试目标设定卡的方式落到实处。

【设计意图】

紧扣主题，只有将压力放下，将包袱抛开，才能轻松上考场，将担心的事情和最糟糕的事情考虑到并有应对的方法，才能真正释放压力、放下包袱。

5. 体悟升华，总结班会

班主任进行班会课的总结发言，回归班会课的主题。

【设计意图】

班会课一个很重要的潜在目标就是在大型考试前进行心理减压，形成良好的学风，使学生养成良好的考试习惯。班主任的总结起到了点睛、升华的作用。

二、课堂实录

班会开始之前播放一段轻松舒缓的音乐。

主持人A：同学们，大家好，在今天的班会课开始之前，我们先来听首歌，这首歌是由中央电视台著名主持人、优米网创始人王利芬和海尔总裁张瑞敏作词，由中国著名歌唱家刘欢演唱的。

主持人B："在路上"是每个人无法逃避的选择，歌词中说，"路上的心酸，已融进我的眼睛，心灵的困境，已化作我的坚定"，我认为说得非常好。路上有很多事情是无法选择的，作为学生，学习和考试都是我们无法逃避的。既然我们不得不面对考试，那么到底什么是考试，为什么要考试呢？

学生A：我来介绍一下我了解到的考试吧。

考试，是一种严格的知识水平鉴定方法。为了保证结果的公平，考场必须有很强的纪律约束，并且专门设有主考、监考等监督考试过程，绝对禁止任何作弊行为，否则将要承担相应的责任。要求考生在规定的时间内按指定的方式解答精心选定的题目或按主办方的要求完成一定的实际操作的任务，并由主办方评定结果，从而为主办方提供考生某方面的知识或技能状况信息。

学生B：1910年出版的《大英百科全书》第11版“考试”条说，“在历史上，最早的考试制度是中国用考试来选拔行政官员的制度（据公元前1115年的记载），以及对已进入仕途的官员的定期考核（据公元前2200年的记载）”。考试一词由“考”与“试”二字组成，《尚书》中有“试可乃已”“试不可用”“敷奏以言，明试以功”“三载考绩，三考黜陟幽明”等记载，《大英百科全书》的说法是根据19世纪末20世纪初一些西方学者有关科举的论著而来的，而这些论著的说法又是根据《尚书》的记载而来的。

学生C：“考”与“试”是意义相近的两个概念，皆有考查、检测、考核等多重含义。将“考”与“试”二字连用，始于西汉董仲舒的《春秋繁露》，该书《考功名篇》说，“考试之法，大者缓，小者急；贵者舒，而贱者促。诸侯月试其国，州伯时试其部，四试而一考。天子岁天下，三试而一考。前后三考而黜陟，命之曰计”。由此可见，最初“考”字更侧重于考核政绩的含义，“试”字更侧重于测度优劣的含义。当“考”与“试”合为一个词之后，其内涵逐渐演变为特指考查知识或技能的方法和制度。

学生D：那我们的期中、期末考试又是为什么呢？

学生E：我认为，期中、期末考试就是为了阶段性地检验我们的学习效果，以便使我们更准确认识自己，也便于老师了解教学情况，调整教学进度，改善教学方法。只要我们能认真地考试，一定会对我们的学习有好处。

主持人A：大家都说得非常好，既然考试服务于教学，那么我们该怎样面对考试呢？我先讲一个故事，看能不能对大家有所启发。（先在PPT中展示小罗纳尔多踢足球的照片）

2004年“世界足球先生”巴西人小罗纳尔多有这么一段话：像很多巴西人一样，我从一出生双脚就离不开足球，我的整个生活也都围绕着足球。每天24小时无论是吃饭睡觉还是走路我满脑子都是足球，差不多接近疯狂的程度了。他有一个全方位足球哲学：比赛对于我来说是纯粹的愉快体验，感觉非常梦幻，只要给我一个足球，我就变成世界上最快乐的人。有人评论小罗纳尔多：他不仅具有举世罕见的天赋，更可贵的是他对足球有异常执着的态度。他是在用汗水培育着自己的快乐。

大家有什么想法吗？

学生F：听了这个故事，我最大的启发就是，足球对很多人来说是毫无意义的，也是极其无聊的，但是如果在这件事上找到了极大的乐趣，觉得这件事是值得的，那么所有的困难就会烟消云散，再大的苦难都能克服。

学生G：但是，这和考试有什么关系呢？

学生F：有呀，考试是平时成绩的反映，而学习本身有多少人觉得是快乐的呢？有的人坚持下来，有的人就坚持不下来。学习就好比踢足球，如果你认为学习非常重要，在学习中找到了乐趣，不就可以在考试中考得非常好了吗？但是我不知道怎样才能找到乐趣。

主持人B：你提的问题很好，让我们听听在考试中考得非常优秀的同学H的想法。

学生H：我觉得大家说得非常好，其实我觉得学习并不是很辛苦的事情，唯一的辛苦就是写字写多了手酸，哈哈……

我最喜欢的游戏就是超级玛丽，我觉得，学习就像打游戏，写了一张试卷得到不错的分数就像打过了一关，到了大型考试，就像见到了大BOSS，嘻嘻……我也不跟别人比，我就把书本上的东西全都详细看一遍，开始战斗，呵呵……

主持人B：只要你是打过游戏的人，就一定会对H的说法有共鸣，打游戏的时候总是不服输，胜利了就会得意扬扬。那老师有没有好主意呢？让我们看看班会课之前对我们的老师I的访谈。

播放对老师I的访谈录像视频。

访谈者：老师，您在之前曾经说过学习是非常快乐的，我想问您，是什么让您觉得学习是快乐的，或者说您是怎么让学习变得快乐的？

老师I：我认为最好的方式就是应用，如果你学了记叙文的写法，你可以写写自己的游记发给杂志社发表；如果你学会了议论文，可以在辩论会中大放异彩；如果你学会了电路原理，你可以设计一套更智慧的家具照明系统；

如果你学会了哲学，你可以辩证地看待人和事。

另外一个我觉得非常好的方式就是去帮助那些还没有学会的人。教会了别人同时，内心是非常愉悦的，为了教会别人，你自己得先会啊，自己就不觉得辛苦了。

更持久的方法，就是重新认识学习。将自身的学习和家族的发展、社会的进步、国家的需要结合起来的时候，你就会感受到高度的使命感和强烈的责任心，这件事是有价值的，是值得做的。谢谢！

主持人B：同学H和老师I的发言非常诚恳，让我们知道很多可以让学习不再那么痛苦的方法，大家可以试试。

主持人A：同学们和老师的发言都很精彩。是的，态度是获得效果的决定性因素。中国男足前教练米卢用他的“态度决定一切”及“快乐足球”带领中国首次冲进世界杯，可见面对事情态度为先。那么面对考试我们应该采取什么态度呢？请欣赏小品《差别》。

在期中考试成绩发布后的第二天上课前，学生甲和他的同桌学生乙在教室见面。

学生甲面带沮丧，学生乙眉飞色舞，轻轻哼唱着歌曲，瞥眼便见到学生甲手臂上稍微有些发青。

第一幕　面对成绩的差别

学生乙关切地问：“甲，你怎么了，手臂怎么青了呢？有人欺负你吗？告诉我，我来收拾他，你知道我的实力的。”

学生甲苦笑道：“我爸爸打的！”

学生乙脸上凝结了惊愕的神情：“你都考到班级前十名了，他怎么还打你？”

学生甲：“我倒退了五名呀”

学生乙：“那倒也是，你看我成绩多稳定，从来没有退步。”

学会甲：“你还能退到哪里去啊，已经是倒数第一名啦！”

学生乙：“所以说嘛，要淡定一些，成绩什么的都是身外之物，走，一起上个厕所。”

第二幕　高考后的差别

学生甲沮丧地来到教室拿录取通知书，同时学生乙也到教室拿录取通知书。

学生乙：“甲，你一定考得很好吧，怎么还是不开心呢？”

学生甲："我本来可以上北京大学的，现在只能上人民大学，爸爸不开心，我也不开心！"

学生乙："人大也不错啊，总比我好吧，虽然我从高二开始成绩逐渐提高，但是也只考上了财经大学，还不错啊，是我喜欢的专业——市场营销。"

学生甲："我对专业倒是没什么在乎的，只是这学校，唉……"

学生乙："都已经这样了，走，拿了通知书我们去好好地吃一顿吧。"

第三幕 十年后的差别

学生甲变成了换工作的求职者，他要去一家公司面试，到了最后一关——老板的面试。

学生甲："你好，我是甲，来面试的。"声音有些低沉。

当甲抬起头来的时候，发现坐在老板椅子上的是曾经的同学乙。

学生甲："乙？怎么是你？你是这家公司的老板？"

学生乙，惊讶地抬起头，看到是自己曾经的同学："甲，是你啊，来，来，快坐下！快来说说你这几年是怎么过的。"

学会甲："我在人大学的是历史学专业，毕业以后，想到高中教书，但是最好的那所高中我差一名没有进去，其他的我都不想去，最后就到了一家杂志社，但不是我的专长啊，现在又不想干了，这不到你这里来了，你呢？"

学生乙："我呀，大学时候我自学了网络编程，又加上自己是搞市场营销的，毕业以后跟几个同学一起开了家在线教育网络公司，一直干到现在，为了庆祝我们再聚首，走，吃火锅去。"

主持人A：《差别》这个小品，从三个阶段让我们品味到了要正确认识自己，制定合理的目标，不可妄自菲薄，我们需要脚踏实地。

主持人B：学习之后要考试，考试是为了检验我们的学习，高考是最重要的考试。而且对待考试的态度和采取的行动十分重要，那么我们该怎样养成考试的良好习惯呢？请看大屏幕。

大屏幕上展示PPT，内容如下：

考试是一种手段，可以检验对知识、技能的掌握情况，也是对整个学期学习成果的一次检验。考试可以进一步推动学习；有利于教师改进教学；可以使家长了解你的学习状况。平常学得扎实的同学到了期末就大显身手，证明自己的能力；平常学得不够好的同学通过考试能巩固知识，也能看到自己的进步，那就是成功。正确面对考试，把考试当成战胜自己、战胜对手的手段。

考试前后，我们要做到以下几点：

（1）考前要注意休息和锻炼，避免过度疲劳造成食欲不振、失眠等。

（2）考试前夜入睡前躺在床上多感悟第二天各科考试情境。

（3）准备好考试所需文具。

（4）考试过程中把握好整场考试节奏及解题节奏。

（5）注意语言要准确，格式要规范。

（6）“宁可不会，不可不对”，对问题不钻牛角尖。

（7）不要把考试的得失情绪带进考场，心态平稳，劳逸结合，张弛有度。

（8）考试成绩出来以后，一定要及时分析，看看是什么原因导致了失分。

主持人B：大家对考试前后还有什么困惑吗？

学生J：每次考试或多或少都会有一些紧张情绪，这正常吗？不知道大家有哪些舒缓紧张情绪的方法呢？

主持人B：你这个问题提得非常好，班会课前，我们班委会就这个问题查找了很多资料，那就由我给大家介绍一下吧。考试时适度紧张是正常现象，适度紧张更能发挥实力及潜力。若考试时出现过度紧张情况，可采用以下方法稳定情绪：①双眼只看一个固定目标，同时深而均匀地呼吸，一会儿便可稳定情绪。②两眼微闭，双脚着地，双手自然放在膝盖上、脚与肩同宽。然后进行腹式呼吸3～4次。吸气时用鼻慢慢吸，先扩张腹部，再扩张胸部，吸足气后屏一屏气，然后同时用鼻子与嘴将气慢慢吐出去，这一过程就是一次深呼吸。然后对自己说“我能行的”。

那么，我们考试前有哪些情绪导致紧张呢？主要有以下几方面：①自加压力，想考出好成绩，因此心里没底；②老师方面的压力，怕自己考试失败，让老师失望；③同学方面的压力，怕自己考试失败被同学们讥笑，怕丢面子，怕别人会瞧不起自己；④家长方面的压力，怕自己考试失败受家长的责骂。

学生J：可以避免上述得失情绪吗？如何避免呢？

主持人B：我们要明白，这些想法都是不合理的。事实上如果我们怀着注定要失败、注定要受到别人嘲笑、注定要失去美好前途的想法去考试，我们怎么能不被吓倒？怎么能不紧张？这是对自己的消极暗示。其实，老师、家长和同学都不会以一次考试来衡量你。某一次考试的成绩并不是衡量你的唯一标准。只要我们尽了最大的努力，就无所谓失败。另外让我们自己相互鼓励，相互鼓舞。

主持人A：本节班会课，我们从一首富有情怀的歌曲《在路上》出发，引出了我们的主题，如何轻轻松松进考场，在课堂上，对待考试的态度对考试的结果有举足轻重的作用，有可能改变我们对待任何事物的态度。养成良好的考试习惯，从我们的目标出发，从认识自我开始。接下来的一个环节就是填写自我评价卡与考试目标设定卡。

由班委会成员协助发放自我评价卡和考试目标卡。自我评价卡主要是要学生回答以下问题：考试对我来说意味着什么？如果紧张了，我怎么减轻压力？考试成绩低了怎么办？父母批评自己的退步怎么办？考试目标卡主要涉及的是每个科目期望达到的分数，分数设置的主要参考依据是之前几次考试自己的分数和高考时的自身需求。

主持人B：我们要心静如水，不浮躁，要有任外边翻江倒海，我自岿然不动的气魄，集中精力，心无旁骛。考试不难，关键在技巧，技巧不多，关键在于把握好，发挥技巧，心态更重要，心态好就必须吃好、睡好、玩好、信心好、心情好。当前到了关键时刻，一切都在显示我们已进入考前备战状态。关键的时刻每个同学都要相信自己，顶得住，站得稳，稳扎稳打，用实际行动去争取本来属于自己的成功。最后有请班主任发言！

班主任：考试秘诀在于四个字——快、准、稳、狠。而其中最为关键的是“稳”，即心态平和，沉稳大气是我们时时刻刻追求的境界，考试也是如此，考试前、考试中、考试后皆是如此。祝大家期末取得优异成绩，祝咱们班期末取得优异成绩！

三、班会反思

班会是一个班级思想工作的主要抓手，是德育工作的主要阵地，是学生之间建立和谐关系、梳理班级事务的主要平台，是班主任老师树立权威、建立班级秩序的主要时机。考风考纪教育和考试与学习的关系两个问题是需要中学生在各个成长阶段不断更新认识的问题。处理得好，能在班级建立起肯学、能学、善学，以及同学之间相互学习、相互帮助、优秀带后进的良好的学习氛围，否则，学生就会养成投机取巧、抄袭作弊，同学之间相互敌对、相互诋毁、互不服气的低效学习环境，对学生的品格养成也极为不利。接下来，我谈谈自己对“轻轻松松进考场”这节班会课的思考与感悟。

（一）时机的选择要恰当，不能随心所欲

“酒逢知己千杯少，话不投机半句多”说的是机缘问题，一块金子在荒无人烟又漫无边际的沙漠中是毫无意义的，好的食材在不适当的场合制作成的菜肴可能会让人难以下咽。所以说时机的选择非常重要。我认为开展这节班会课最好的时机应该在高一入学后，有了一次或两次大型的考试经历，学生对考试感觉迷惑了，学习的动力有些不足的时候。

学生成长中对待考试的态度受到周围人的影响，如同学、家长、老师。这中间影响最大的是同学，也就是班上的氛围，从众心理说的就是这个。但是最直接的压力源往往来自家长，家长通常会将自身未实现的愿望投射到孩子身上，期待自己的孩子是最优秀的那一个。如果学生能辩证地看待问题，能正确地处理学习上的付出和考试成绩之间的关系，以及在学习上采取的态度和在学习中的体验之间的关系，学生的积极品格的养成和幸福人生才有可能！

（二）素材的选择要适宜，不能鱼目混珠

就像证明一个命题需要有效的论据，一顿可口的饭菜需要精良的食材，一节班会课需要材料的支撑。轻快的音乐不能渲染悲凉的情绪；平铺直叙的表达不能解决对抗的思辨。这节班会课，我们选择充满了概览人生意味的《在路上》这首歌来渲染路上的不易和为了尊严而努力的悲壮；我们选择了小罗纳尔多因对足球的热爱而克服重重困难的事例，展示了人的主观能动性对事情的积极作用；我们创作了跨越时空的小品《差别》，艺术地展现了人的细微差别对人生的重要影响。

素材的选择要遵循一定的原则。素材的选择首先要合理，也就是能达到你想达到的目的。然后，素材的选择要合乎学生的身份，超出学生理解力和生活体验的素材都是无效的。素材的呈现时机也如第一条陈述的那样重要。

（三）流程的设置要流畅，不能逻辑混乱；班会的效果要跟踪，不能只放不收

吃饭时，先喝汤还是先吃饭可能对生活的影响是不大的，但是生产啤酒时，先灌装啤酒还是先封上盖子，就很重要了吧。馒头没熟揭开盖子就不好吃了。流程的设置要做到水到渠成，环环相扣。逻辑混乱或者没有逻辑会让人觉得突兀。

本节班会课的基本逻辑是这样的：考试无法避免，而且一定要做好—考试的基本概念—对待学习和考试的态度会影响考试的结果—怎么调整对待考试的态度—怎么释放考试的压力—将“轻轻松松进考场”的方法落实到实际中。当然这节班会课的一些环节还可以进一步优化。

射箭不中靶子，吃饭没有饱，喝水不解渴，隔靴去搔痒等于这些事情全部没有做。开设一节班会课就要具有实效。学生的转变往往是从观念开始的，班会起到的作用就是转变观念，实际的变化可能要持续一个月或者更长时间。有关考试的问题，只经过一节课是不能完全解决的，所以设置了自我评价卡与考试目标设定卡。这些卡的评价和改进还需要2～3次的跟踪才能达到效果。

【点评】

本节班会课设置朴实，从学生实际需要出发，切合学生的身心发展特点。考试伴随着学生的一生，并可将这一概念延伸至检测、面试、过关等。班会课选材真实，大多来自身边的人，如同学、老师；班会流程流畅，逻辑清晰，环环相扣；班会课效果落实，有谈论、介绍、检测和落实环节；班会的可操作性强。

高考尘烟起，家长“送温暖”

贾 倩

贾倩

贾倩，毕业于华中师范大学城环学院，主修人文地理专业。任高中地理教师9年，担任班主任5年。曾多次带领学生参加中国青少年科技创新大赛并获得国家二等奖，获得“优秀科技辅导员”称号，以及学校的教书育人银奖。对教育有着自己的理解，任教期间尊重教育成长规律，贯彻落实“三实”理念，积极开展家校合作活动，构建了班级的五维管理体制。在班级建设过程中，充分调动和利用教育资源，凝聚教育合力，共同推进班级的健康发展。积极探究和开展职业生涯规划专题讲座活动，本着走出去、请进来的原则，帮助学生了解自我，探寻方向，构建幸福人生，共筑和谐社会。

一、班会教案

（一）背景分析

在高二进行过一系列的职业生涯规划主题班会之后，我们来到了紧张忙碌的高三。各个学科都进入全面复习阶段，各种考试扑面而来，大家的压力越来越大，每周一小考，每月一大考，考得学生焦头烂额。这个时候最怕的是没有节奏感，缺乏时间意识，打疲劳战。更怕有的学生会由于几次考试失利失去信心，自暴自弃。所以高三我设计了每月学生家长送温暖活动。将家长按片区分组，每组设一个负责人。计划每月月考之后，利用晚自习或者班会课时间来给学生送温暖，活动形式和内容由小组负责人自己来制定，但一定要有中心发言人，主旨是鼓励学生，给学生打气，让学生们觉得自己不是一个人在战斗。

（二）班会目标

（1）让家长都参与到高考的备考工作中来，为孩子的高考备考出一份力。

（2）让家长可以更好地了解孩子们的状况，避免不必要的焦虑，以免影响到孩子。

（3）让孩子感受到自己不是一个人在战斗，老师和家长始终陪伴和支持着他们。

（三）前期准备

（1）提前一周和家委会沟通，明确送温暖主题班会的原则，主要表达对学生的支持鼓励，不要太过看重分数，胜不骄、败不馁，尽力就是赢家！家长和老师一直在大家身边，你们不是一个人在战斗！

（2）负责人在交流群内讨论沟通，进行活动分工和布置。

（3）班主任联系相关人员准备祝福视频和纸质材料。

（4）班主任向学校报备，方便家长出入学校。

（5）准备摄影设备进行记录。

（四）班会流程

（1）中心人发言，代表家长给学生们加油打气。本次是由Q同学家长发言。

【设计意图】

家长在来送温暖之前要对孩子们上个月的学习和生活情况进行梳理，并有针对性地对孩子们进行表扬和鼓励，这样才能真正体现出关心和支持。

（2）分发温暖物资，这部分主要是一些零食或糕点。由本月家长小组成员完成。

【设计意图】

学生们在备战完月考之后，是身心疲惫的，发放温暖物资，让忙了一个月的学生们先从口舌间温暖起来。

（3）分享视频，视频来自已经出国的2名学生，在外参加考试的2名传媒生，还有几位家长委员会的家长。

【设计意图】

让大家感受到他们不是一个人在奋斗，他们的海外同学、出门在外的朋友、家长都在和他们一起并肩作战。

（4）学生致谢。

【设计意图】

培养学生养成感恩的习惯。

（5）家长再次祝福和退场。

二、课堂实录

片段一

Q家长：同学们大家好，这次由我们这几位家长来给大家送温暖。首先，我们想表达的是，孩子们你们辛苦了！你们要坚持，这次月考没考好的不要气馁，找到问题迎难而上，我们对孩子们有信心，加油！考好的同学也不要骄傲，继续努力！只要大家尽全力就好，我们永远都是你们坚强的后盾！

学生们：谢谢。（鼓掌）

Q家长：我们小组因为是第一次做送温暖活动，所以大家有点不知所措。X妈妈花了一天时间，煲了两大锅汤，专门用保温饭盒带过来，Z爸爸亲手剥了很多柚子，带来给大家。C妈妈委托开蛋糕房的朋友给每人做了一份精致的小蛋糕。希望大家能够喜欢。

学生们：谢谢叔叔阿姨！！

H同学：谢谢叔叔阿姨，剥柚子是很费时间的，叔叔的手还好吧？真是太感动了！

老师：同学们，让我们再次用热烈的掌声感谢家长们给我们送来的温暖。

片段二

老师：下面播放的视频一定会给大家带来惊喜。

老师：大家猜猜会是谁？

视频播放，画面中出现了高一就出国的L同学。大家看到后一起惊呼！

L同学：Hello！大家好！没有想到吧，你们还记得我吗？贾老师联系我时，我很激动，我和你们一样，现在也在准备参加这边考大学的考试，我很想念大家，你们想我吗？哈哈，希望你们能够好好备考，我们一起努力，考上我们理想的大学！我们永远是一家人！

学生们纷纷鼓掌，虽然视频中的同学听不到声音，但是大家依旧不断地回应他：我们一起努力！我们永远是一家人。

Y同学：大家好，我现在在北京，准备参加北京电影学院的艺考。大家一定也很辛苦吧，现在压力虽然很大，但是希望我们一起把压力变为动力。下面我为大家带来一首我自己改编的*Happy New Year*！预祝大家新年愉快！

片段三

老师：下面的一段视频是来自C同学的，这段视频很特殊，是来自C家三代人的祝福。

播放视频：

C同学爸爸：C××我是爸爸，你是爸爸的好女儿，爸爸爱你，不管你考得如何，只要你尽力了就好。爸爸永远支持你。

C同学妈妈：大家好，我是C××的妈妈，妈妈也爱你，希望你能够在高三这最后一年抓住机会，努力备战，取得好成绩！

C同学爷爷奶奶：小C，祝你高考考出好成绩，加油！！！

老师：C同学有什么想对家人说的吗？我们可以录视频发给你的家人。

C同学：爸爸、妈妈、爷爷、奶奶我爱你们，谢谢你们，我一定会努力加油的！

三、班会反思

送温暖活动算是阶段性的系列活动，很成功。这个过程中的一些内容，给了我很多启发。以下是这个系列活动的一些反思。

第一，如何科学划分家长群。

大家要根据自己班级的实际情况，基于自己的目的去划分家长群。建议尽量把家长群分为小组群。每个群体要有一个中心人物，要和这个人保持紧密联系，以便统一教育大方向。

按居住片区建立家长群非常实用。这些家长来自同一个片区，生活环境有很大的共性，更能快速找到共同的话题，更容易成为朋友，有利于大家轮流排班接送孩子，减轻了自己接送孩子的负担。

同一寝室的家长也可以建立寝室家长群。尤其是寄宿制学校，孩子和室友的相处时间比和家长待在一起的时间要久，寝室也是个小社会，所以和室友友好相处，营造轻松的宿舍氛围是一件十分有意义的事情。家长之间相互加强交流，既方便获取信息，也可以相互帮助。

第二，充分相信大家，调动大家的积极性。

通过这两年和家长的接触，我逐渐发现，真正懂教育的人是家长，他们是用生命在践行教育这件事情。他们基数大，经历得多，失败得多，经验也多。多和他们交流和学习，你会收获很多。

第三，适可而止。

活动再好，也不可以一直搞，否则容易流于形式。活动也要分阶段，有目标，有节奏，这样大家才更愿意参与，得到的也更多。

在整个高三送温暖的活动期间，我也化解了几个家庭的矛盾，帮助修复了孩子和家长之间的裂痕，这说明班主任这个工作可以做的事情还有很多，不过需要一颗善良朴实的心去发现并伸出手去。班级是学校中最小的单位，也是社会的细胞，班级的质量会影响到社会环境，大家加油共勉吧！

【点评】

作为贾倩老师的同行，我也是一名高三班主任，高三学子压力大、学业负担重，是需要鼓励和温暖的，但是在这个“战场”上，往往只有学生和老师在并肩作战，心急如焚的家长却很难参与进来。看到这个班会设计时，我感到很震撼。送温暖这个主题很多人都会想到，但是能够在整个高三阶段把这个主题贯彻到底，使之成为一个系列活动，是很值得学习和借鉴的。贾老师的班会课，内容丰富，家长参与度高，活动连贯性强，不仅送了温暖，给了信心，还修复了很多家庭内部的矛盾，是一个非常好的班会设计案例。我们同在一个年级，我亲眼目睹了这一系列班会的进行，不是空有理论的纸上谈兵，我感受到了家长参加活动的欣喜。这是一个非常值得借鉴的系列主题班会。

让梦想照进现实

——高中生“目标管理”心理班会教案设计

李路荣

李路荣

李路荣，发展与教育心理学硕士，国家二级心理咨询师，国家生涯规划指导师，广东省中小学心理健康A证教师，7年心理学本硕专业学习，12年高中心理教师工作经验。曾获2016年度深圳市优秀教师、2019年深圳市直属学校心理教师技能大赛第一名（高中组）、2019年深圳市高中心理教师技能大赛二等奖（高中组）等荣誉。曾参与多项国家级、省级和校级课题研究。

一、教案设计

（一）背景分析

20世纪30年代，心理学家就开始了对目标的研究。洛克提出了目标设置理论，他认为目标本身就具有激励作用，目标能把人的需求转变为动力，使人们的行为朝着一定的方向努力，并将自己的行为结果与既定的目标相对照，及时进行调整和修正，从而实现目标。心理学家雷亚提出，人类行为受有意识的目标、计划、意图、任务和喜好的影响。他认为目标明确可以提高工作的绩效，减少行为的盲目性，提高行为的自我控制程度。同时通过目标的完成，个体获得成就感，也满足了自我成长的需要。

SMART原则是管理大师德鲁克在《管理实践》中提出的目标管理方法，按照这个原则制定出的目标才能保证可实施、可跟进、可考核，也更容易实现。

本班会课设计建议在高一年级授课。在新高考选课的大背景下，高一年级是学生认识自我、发展自我的重要时期，也是学生生涯规划的关键时期。高一新生如果在入学阶段学会主动规划生活，并学会结合SMART原则合理制定个人的学习生活目标，能很好地激发自身的活力，并以积极的状态适应高中生活，进而为实现人生梦想铺垫基础。

（二）班会目标

（1）引导学生认识生涯规划的意义和重要性，并积极为新学期设立新目标。

（2）指导学生学会合理地制定个人的人生目标，并使之成为学生学习生活的动力。

（三）前期准备

① 课件；② 白纸若干张；③ 背景音乐；④ 彩笔6盒。

（四）班会流程

1. 导入阶段：你我的梦想

（课前采访：随机采访班级学生的梦想。）

大家好！刚刚课间时，我随机采访了几位同学问了同样的一个问题：你的梦想是什么？每个同学的反应都不一样。有的说“我想从事有关生物的职业”；有的说“我想当名律师”；还有一个男生腼腆地笑了一下，说“我以后想当个富豪”。看来每个同学心目中都珍藏着一个美好的梦想，每个人也都在有意无意地为自己的梦想努力。有一句网红话语：“梦想还是要有的，万一实现呢？”所以今天我们班会课做一些积极尝试，争取让我们的梦想在心中生根发芽，为我们的梦想插上腾飞的翅膀。

【设计意图】

通过分享周围学生的梦想，调动班级全体学生积极参与“目标管理”主题班会的热情。

2. 展开阶段：生涯幻游

（呈现PPT上的海景图片。）

同学们，PPT上的图片是不是看着特别舒服？是的，彩霞满天飞，令人心旷神怡。那我们就带着这种舒服的感觉进入今天的第一环节——生涯幻游，一起通过这冥想放松的方式来了解我们内心的梦想。

温馨提醒：

（1）在整个过程中请闭上眼睛，用心投入。

（2）不发出声音，不打扰其他同学。

（3）请同学们尽量跟着老师的引导去做，放松心情。

指导语：

请同学们轻轻闭上双眼，当我们闭上眼睛时，我们的内心会慢慢地安静下来。请同学们选择一个自己认为最舒服、最放松的姿势坐好，可以倚靠在椅子上，也可以趴在桌子上。此刻请你将心里所有担心和思考的事情暂时放下，让我们的身体好好放松一下。请我们深深地吸一口气，慢慢地吐出来；再深深地吸一口气，慢慢地吐出来。

今天是2019年10月10日，想象一下，时间一直在流动，慢慢地来到了2034年，你长大了。算一算，这个时候的你多少岁？30岁左右。请你尽量想象30多岁时的情境，想得越仔细越好。

30岁左右的一天清晨，你像往常一样从睡梦中醒过来，你自己的房间是什么样的呢？你起床，洗漱完毕，准备去上班，今天你要穿什么衣服上班呢？穿好衣服，你来到餐厅吃早餐，早餐吃的是什么？有谁和你一起共进早餐呢？吃完早餐，你准备去工作。你选择搭乘什么样的交通工具呢？好，你来到办公室了，大家怎样称呼你？同时，请注意下你的办公室的布置，坐下来看看今天的工作日程是什么样呢？紧张忙碌还是从容清闲？

一天的时间很快就过去了，该是睡觉的时候了。你躺在床上，回忆这一天的工作和生活，你满意吗？过得愉快吗？渐渐地你又回到了梦乡中。好的，时空隧道机渐渐地把我们载回了2019年10月10日，回到了我们教室现场。接下来，老师开始从10开始到倒计时，当我数到0时，大家可以慢慢睁开眼睛。

接下来，请同学们拿起手中的画笔，将你联想到的主要画面画下来。

（1）请将你脑海中构思的画面，用画笔简单描绘出来，不用考虑绘画技巧，时间3分钟。

（2）小组顺时针方向，将画纸传递给下一位，请按照你的思路帮他人完善画面。每次时间10秒。

好的，请同学们重新拿回自己那张画纸，好好看看15年后的自己。

教师提问：

（1）在老师开始喊传递时，是白纸的同学，请举手。

（2）传递几轮后，发现画面表达的内容跟自己之前的设想完全不一样的同学们，请举手。

（3）传递几轮后，很庆幸发现最后的构图还是比较吻合之前设想的同学，请举手。

好的，我再简单问问当初传出时是白纸的同学，最后收到一幅作品，你满意这个画面吗？

好的，我需要好好安抚下第二类的同学，现在给他们一个表达情绪的机会。

好的，我们也听听那些几轮传递后画面没有怎么改变的同学，你们的心情如何？

教师小结：

好的，同学们都分享得特别好。同学们再好好地看看这张白纸，它是不是也在一定程度上代表了我们的人生，当我们自己的梦想或目标清晰的时候，周围人更多的是添砖加瓦，让画面更完整。但是，当我们传递出去的主题不清晰，或者是一张白纸的时候，周围的同伴或者班主任、老师、家人一定会按照他们的意愿帮你设计人生。是的，这个游戏给我们一个启示：

如果你不主动规划，你就会不断地被规划。

【设计意图】

通过别开生面、新颖有趣的“生涯幻游”活动，引导学生在平时的学习生活中学会思考并规划自己的未来，当自己学习的主人。

3. 深入阶段：我的“四个目标”

过渡语：主动规划，设置目标，也会带来不一样的未来生活。教师分享哈佛大学的25年的跟踪调查研究。

这是一个关于目标对人生影响的跟踪调查。该项调查的对象是一群智力、学历、环境等条件都差不多的年轻人，调查结果发现：27%的人，没有目标；60%的人，目标模糊；10%的人，有比较清晰的短期目标；3%的人，有十分清晰的长期目标。

25年的跟踪调查发现，他们的生活状况十分有意思……

3%——几乎不曾更改过自己的人生目标。25年后，他们几乎都成了社会各界的顶尖成功人士；10%——大都生活在社会的中上层。其共同特点是：那些短期目标不断地被实现，生活质量稳步上升。他们成为各行各业不可缺少的专业人士，如医生、律师、工程师等；60%——几乎都生活在社会的中下层。他们能安稳地生活与工作，但都没有什么特别的成绩；27%——几乎都生活在社会的底层，生活都过得很不如意。

教师小结：

25年的追踪研究，背景大致相近的年轻人，因为人生目标不一样，成就不同的人生。当然同学们不用伤心，此次的研究对象大多数是大学生。我们离大学生的身份还有几年时间，好好规划自己的目标，也可以让自己拥有十分清晰的长期目标，让自己的人生变得不一样！

高中生活是一个崭新的开始，它犹如沙漠探险一样，需要我们选定方向，确定目标，这样才不至于迷失方向。我们一起静下心来，好好思考自己的人生目标。请同学们拿出我们的第二张纸，参照黑板上的模式，在这张纸上画四个圈。

（1）我今生想实现的目标。

（2）三年内，我要达成的目标。

（3）一个月内，我要达成的目标。

（4）今天，我想要达成的目标。

小组交流与展示：

2分钟左右的交流展示，共同选出最有执行力的计划。最有执行力的计划，是最能调动个体的积极性去完成目标，最能激发人的斗志的那份目标计划。

这里教师鼓励学生们，积极交流与分享。有关目标的心理学研究显示，当你将目标告知身边的几个伙伴，就相当于为自己找到了一支外界监督和加油支持的力量，这样目标实现的概率将会提升3倍。

教师小结：

听了同学们的汇报后，我一方面替同学们感到开心，另一方面我又有深深的焦虑感，你们的目标能实现吗？刚刚我很少发现有同学写到明确具体的目标，你们能顺利完成自己设定的当天目标吗？其实，目标设置有它的“聪明”法则。展示SMART原则。（教师结合例子解释SMART原则。）

√S（specific）——明确具体

√M（Measurable）——可以测量

√A（Achievable）——可以实现（中等难度）

√R（Realistic）——贴近现实

√T（Time-bound）——有时限

【设计意图】

在启动学生生涯规划意识后，教师带领学生思考自己的“四个目标”，并帮助学生利用目标的“聪明”原则来具体化自己的梦想。

4. 升华阶段：分享名人小故事

教师分享名人小故事。

名人小故事：

著名主持人白岩松在高三之前的成绩曾是班级排名倒数，在那个时候想要考上大学是不可能的事情。但在高考时他是班级第8名，进入了北京广播学院。这一年发生了什么？他有一次与自己对话：“我怎么办，我要做什么？”然后把所有书订在一起，计算总页数，计算高考剩余的天数，然后需要复习多少遍，他就很清楚地知道每天复习的页数了。从那一天起，他每天严格地按照计划进行，成功地完成了逆袭。后来曾有人采访，他说，当你要对自己负责的时候，不是要做多大多大的事情，而是让你每天做一点儿小小的改变，承担起自己的责任。

【设计意图】

此环节旨在利用青少年崇拜偶像的心理，为其寻找健康、积极向上的偶像榜样，鼓励学生模仿偶像行为，积极将SMART原则运用到高中的学习生活中去。

5. 结束阶段：课后思考

（1）请同学们根据SMART原则，认真修订“四个目标”计划书；

（2）请同学们认真思考：第一，目标=成功吗？第二，确立目标后，如何提高自己实现目标的能力？

最后，教师寄语：

（1）主动规划，将你的梦想化整为零，变成每天切实可行的目标，从每一次积极完成中积累信心与成就感。

（2）希望你的每一天都在追梦的路上，做一个幸福、乐观、执着的追梦人！

【设计意图】

总结本次班会课的中心思想，并希望学生们能将“目标管理”的方法积极运用到生活中去，让梦想走进现实！

二、课堂实录（片段）

师：请将你脑海中构思的画面，用画笔简单描绘出来，不用考虑绘画技巧，时间3分钟。

（教室安静下来，学生认真地进行着自我描绘。）

师：请各小组按顺时针方向，将画纸传递给下一名同学，请按照你的思路帮他人完善画面，每次时间10秒。

倒计时开始：10，9，8，7，6，5，4，3，2，1。

（学生们很兴奋激动，许多学生不由自主地说，这画面是什么？我们看不懂，不知道如何完善。）

师：同学们不用着急，大家根据自己的感觉补充一些内容就可以。

（活动进行7轮后。）

师：同学们请拿回自己的那张画纸，好好看看15年以后的自己。

（当学生们拿到自己的那张纸时，反应各不相同，有的开心不已，有的哭笑不得，有的充满疑惑。）

师：同学们请保持安静，我看到同学们在拿到自己被传递了7轮的画纸后，表情不一，有的开心，有的疑惑，还有的有些小伤心……在老师开始喊传递时，是白纸的同学，请举手。

（个别学生举手。）

师：传递几轮后，发现画面表达的内容跟自己之前的设想完全不一样的同学，请举手。

（这个问题提出后，学生们普遍举手很积极。）

师：传递几轮后，很庆幸发现最后的构图还是比较吻合之前设想的同学，请举手。

（学生举手后，教师将举手人数记录在黑板上。）

师：首先，我采访第一类同学们，也就是当初传递出的是白纸的同学，请再看看你最后收到的作品，你满意这个画面吗？

生1：还可以，因为我自己也没想。

生2：我不知道这画的是什么？！反正跟我内心的想法不是一致的！

师：好的，谢谢你的分享。

师：好的，老师需要好好安抚下第二类同学，现在给他们一个表达情绪的机会。

生1：我本来是画一个人站在窗前眺望远处的风景，结果他们为我在旁边画上了另外一个人，还加上了一个爱心。旁边还加上了一只猫。

（学生们齐声欢笑。）

师：请问这位同学，你本来的画面是想表达什么？

生：我也没想得特别清楚，就喜欢自己以后能够从容地安排自己的生活。没想到同学们……

（学生们再次欢笑。）

师：看来我们这个小组的同学都很有爱心，将他们觉得美好的东西呈现在你的画面上了。

生2：我本来也没想好，就画了一条小鱼。没想到后面的同学就画上了一个锅，一些风景，变成野餐烤鱼了！

（学生们哈哈大笑！）

师：看来我们这个小组的同学很喜欢美食呀！

师：好的，我们也听听那些几轮传递后画面没有怎么改变的同学，你们的心情如何？

生1：我画的是一家鞋店，我是里面的店长兼设计师，我的小组同学为我加上了一沓钞票，挺好！还有同学为我加上了很多顾客，也特别好！谢谢你们！真是了解我，哈！

师：这位同学好开心！因为她的梦想画面被同学们不断地完善了。

师：好的，我们每位同学都分享得特别好。请同学们再好好看看这张白纸，它是不是也在一定程度上代表了我们的人生？从中我们可以获得一个启示，即如果你不主动规划自己的生活，你就会不断地被别人规划。

三、班会反思

（1）“生涯幻游”环节设计新颖，学生参与度高，建议邀请较多学生分享活动感受。

（2）“四个目标”设置环节，第一“我今生想实现的目标”，如果学生在平时较少思考自己未来的目标理想，那么“今生目标”在短时间内写出来会存在困难，是否可以调整成“10年后想实现的目标”？

（3）本次“目标管理”的班会内容饱满，独具意义，建议授课时间延长些，60分钟左右为宜。

（4）课程结束，建议班主任与学生一起修订自己的“四个目标”计划书，并将修订好的计划书粘贴在教室后墙板报上，这样可以随时随地鼓舞和鞭策学生们。

【点评】

本班会既具有理论意义，又有实践价值。在新高考选考制度的大背景下，高中学生需要提前思考自己的未来专业和职业发展方向。本课程巧妙地采用“生涯幻游”的游戏方式，带领学生们一起思考未来的生活方式，并启发学生积极地去做好人生规划。班会第二部分，教师鼓励学生们认真思考自己未来的人生“四个目标”，并运用“SMART原则”去修订完善自己的近期和远期目标，这对学生具有指导意义。

不得不说，这节“让梦想照进现实——目标管理”课堂，对教师同行们有很大的启发和借鉴意义。